U0908951

主　办 / 中山大学港澳珠江三角洲研究中心
　　　　中山大学粤港澳发展研究院
资　助 / 教育部人文社会科学重点研究基地
　　　　广东省“理论粤军”项目

當代港澳研究

STUDIES ON HONG KONG AND MACAO

陈广汉　黎熙元／主编

2018年第2辑

（总第59辑）

社会科学文献出版社
SOCIAL SCIENCES ACADEMIC PRESS (CHINA)

主 办 / 中山大学港澳珠江三角洲研究中心
中山大学粤港澳发展研究院
资 助 / 教育部人文社会科学重点研究基地
广东省“理论粤军”项目

當代港澳研究

STUDIES ON HONG KONG AND MACAO

陈广汉　黎熙元／主编

2018年第2辑

（总第59辑）

社会科学文献出版社
SSAP
SOCIAL SCIENCES ACADEMIC PRESS (CHINA)

目录
CONTENTS

专题组稿

经济专题

专题组稿

专题导言

郭天武[*]

实现国家和平统一，维护国家安全是包括香港同胞在内的所有中国人的义务，香港《基本法》第二十三条承担着履行国家安全义务、惩罚危害国家安全行为的制度规范这一重要使命。在现阶段，香港《基本法》第二十三条的立法工作尚未启动，围绕着该条款及具体罪名的争议颇多。需要明确的是，立法原则及立法理念先行是成功立法的首要保障。因此，在准备推行立法的同时，不应忽视香港国家安全立法在国家安全中的特殊地位，更应当从“一国两制”及国家安全层面出发，明确香港《基本法》第二十三条立法的制度定位及功能预设。本期所选几篇文章主要围绕香港特区维护国家安全立法这一主题，分别从实体及程序等角度对这一问题进行较为深入的研究。

国家安全的立法规制不仅需要宏观设计和立法的指导原则，更应当在具体条文的设计上追究法理正当及逻辑严密。各罪在订立时面临着诸多质疑，其中最明显的就是对具体罪名的犯罪构成要素及外延存在不同见解及人权保障标准下各罪行所面临的质疑。《香港国家安全立法中的煽动叛乱罪探究》一文中，作者将研究对象聚

---

* 郭天武，中山大学法学院、粤港澳发展研究院教授，博士生导师。

焦在作为具体罪名之一的煽动叛乱罪上。文章纲举目张，一一解答了围绕此主题的三个核心问题：煽动叛乱罪的设立、构成及《约翰内斯堡原则》的适用问题，并得出结论认为，煽动叛乱罪已经涵盖了处理煽动性刊物的罪行且《约翰内斯堡原则》在该罪中并不适用。

《对香港〈基本法〉第二十三条的重新审视》一文从总体国家安全观的视角出发，重点论述了政府管治有效性和全面性的问题。作者主张运用分析、调整和控制的手段来配置国家安全要素。在此基础上，作者从传统与现代模式的对照出发提出了国家安全机制的现代模式并将这些问题上升至国家治理的层面，国家安全观念的发展脉络也支持了传统安全与非传统安全都是现代国家安全机制所应当辐射的领域这一观点。在文章的最后，作者主张应当采取统一立法与分散立法相结合的方式来落实国家安全立法的任务。

《香港“非法披露受保护资料罪”的立法分析》一文中，作者从完善国家机密保护相关法律这一问题出发，将研究触角延伸至国家安全保护对象的扩展趋势上。其中一个核心的议题就是如何在维护国家安全与保障公众知情权之间获得微妙的平衡。作者在这里提出了一套行之有效的机制，从“一国两制”的高度肯定了国家利益在有关保护国家机密的法律规范目的上的优位性，并从这一原则出发来评价现有的关于扩展禁止行为、增加保护对象及扩张犯罪主体等核心争议问题。值得一提的是，作者不仅论述了刑事罪行的实体性问题，也同样关注法律的认可及推行，主张从履行宪制责任的高度，立足差异及香港法律传统保证犯罪构成自身的合理性。可以说，随着社会和科技的发展，危害国家安全的活动也必然会出现新的演化形式，对既有的规范进行重新审视与完善是十分必要的。

本期推出的这几篇文章分别从不同维度对香港国家安全问题在《基本法》中的落实给予了回应。应当说，在总体安全观下，我国国家安全的内涵和外延都需要进一步更新和凸显。其中，在“一国两制”这一极具中国特色的政治制度设计中，香港在国家安全问题的应对及发展上承担维护国家安全的义务自不待言，但更重要的问题是，如何在准确把握国家安全新形势的前提下，将制度设计与未来趋势相统一，将国家义务与地区发展相融合，这是《基本法》第二十三条立法的重要命题。

香港国家安全立法中的煽动叛乱罪探究[*]

郭天武 汤 澈[**]

摘 要：依据香港《基本法》第二十三条立法的规定，香港特区政府具有自行立法禁止煽动叛乱等危害国家安全行为的责任。对于煽动叛乱罪的修订，立法机关应在2003年《国家安全（立法条文）条例草案》的基础上，收窄现有法例的适用范围。修订的重点应聚焦在煽动叛乱罪的设立问题，处理煽动性刊物罪的设立问题以及《约翰内斯堡原则》的适用问题上。在明确设立煽动叛乱罪具有必要性，只需单设煽动叛乱罪名，不需要再设处理煽动性刊物罪名，以及煽动叛乱罪的犯罪要素不需要引入《约翰内斯堡原则》的前提下，确定煽动叛乱罪的犯罪要素及刑罚适用。

关键词：香港基本法 国家安全 煽动叛乱罪 犯罪要素

---

* 本文是国家社科基金重大招标项目"'占中'后香港特区国家安全立法问题研究"（项目编号：15ZD036）的阶段性研究成果。

** 郭天武，中山大学法学院、粤港澳发展研究院教授，博士生导师；汤澈，中山大学法学院硕士研究生。

根据《中华人民共和国香港特别行政区基本法》（以下简称《基本法》）第二十三条的规定，香港特别行政区应自行立法禁止任何叛国、分裂国家、煽动叛乱、颠覆中央人民政府及窃取国家机密的行为，禁止外国的政治性组织或团体在香港特别行政区进行政治活动，禁止香港特别行政区的政治性组织与外国的政治性组织或团体建立联系。但是，香港特区政府却迟迟未就《基本法》第二十三条对危害国家安全的行为进行立法，由于《中华人民共和国刑法》未列于《基本法》附件三中而不在香港特别行政区实施，因此，香港地区在维护国家安全方面出现法律适用的真空。结合近来香港发生的“占领中环”事件以及“旺角暴乱”，第二十三条立法存在着现实的必要性。

对于煽动叛乱行为，香港特区政府应自行立法，在参考《国家安全（立法条文）条例草案》（以下简称《草案》）的基础上对现有法例进行收窄，重新订立煽动叛乱罪，订立过程中需探讨三个焦点问题：①煽动叛乱罪是否可由煽惑罪代替？若可以的话则无必要设立煽动叛乱罪，也即究竟煽动叛乱罪有无存在的必要。②煽动叛乱罪之外是否仍需要设立处理煽动性刊物罪？也即如果有设立煽动叛乱罪的必要，那么在罪名的设置上，是要以一个罪名规范煽动叛乱行为还是要设立两个罪名？③煽动叛乱罪是否适用《约翰内斯堡原则》？即在确定煽动叛乱罪设立的必要性以及罪名设置的前提下，再具体到煽动叛乱罪本身的构成要件上是否需要引入《约翰内斯堡原则》中的规定。三个问题逐层递进，本文拟以此为主线，对上述问题进行梳理之后再具体明确煽动叛乱罪的犯罪要素及刑罚适用。

一 煽动叛乱罪的立法路径

（一）立法主体：香港特区自行立法

《基本法》第二十三条授权香港特区就国家安全事项自行立法，该规定把在特别行政区内维护国家的统一与主权的责任赋予特别行政区，香港特区自行立法禁止煽动叛乱等七种行为，这是特别行政区对“一国”应该做出的保证，也是对中央人民政府、全国人民、特别行政区政府自身的社会稳定、特别行政区广大居民负责。[①] 自行立法应是香港特别行政区的责任，香港特别行政区根据“一国两制”原则实行高度自治，保护国家根本利益和国家安全的全国性法律不在香港特别行政区实施，所以香港特别行政区应填补该部分的立法空白。但是作为立法的责任主体的同时，香港特别行政区也有权力依照香港法治传统立法，可基于香港的实际情况、现有法律体系以及立法程序等，而不是引用内地法律中的国家安全概念和条文禁止煽动叛乱等七种行为。

（二）立法方式：收窄现有法例

现行《刑事罪行条例》第 9 条规定了煽动意图，第 10（1）条规定了四种煽动叛乱行为，包括（a）做出、企图做出、准备做出或与任何人串谋做出具煽动意图的行为；（b）发表煽动文字；（c）刊

① 参见王振民《中央与特别行政区关系：一种法治结构的解析》，清华大学出版社，2002，第 205 ~ 207 页。

印、发布、出售、要约出售、分发、展示或复制煽动刊物；(d) 输入煽动刊物。并在第10(2)条另行规定与煽动叛乱相关的管有煽动刊物罪行，任何人无合法辩解而管有煽动刊物即属犯罪。这些规定源自1938年的《煽动条例》，是港英政府时期所订下的条文，该规定于今日而言残留着殖民主义色彩，十分严苛，容易以言入罪，且可能违反1991年颁布实施的《香港人权法案条例》对言论自由的保护。[①]

对此，特区政府曾在2003年拟定《草案》对现有法例进行收窄。首先，对第10(1)条的煽动叛乱行为予以限制，将第10(1)(a)条与第10(1)(b)条修订为第9A条煽动叛乱罪，只有煽惑他人犯叛国、颠覆或分裂国家罪，或者煽惑他人在香港或其他地方进行会严重危害中华人民共和国稳定的公众暴乱这两种行为才具有可罚性。其次，将原来第10(1)(c)条与第10(1)(d)条规定的煽动叛乱行为予以独列，新订第9C条处理煽动性刊物罪。另外，虽然实施的第二十三条立法咨询文件建议将管有煽动刊物的罪行继续分开处理，但是《草案》将管有煽动刊物罪予以删除。最后，新订第9B条规定煽惑他人犯煽动叛乱罪并非罪行。总体上《草案》对于原有煽动叛乱罪的多项修订是有利于香港的言论自由与新闻自由的，虽然最后《草案》因为诸多争议而在二读前撤回，但是可随着《草案》中对相应条款的改善收窄现行法例，既保持立法的连贯性，也减少立法成本。

（三）立法焦点

1. 煽动叛乱罪是否可由煽惑罪代替

《草案》指出不是所有具备煽动意图的行为都有可罚性，而

---

① 参见陈泽铭《香港的叛逆罪及煽动罪（下）》。

是将煽动叛乱的行为收窄为只有在煽惑他人犯叛国、颠覆或分裂国家的罪行，或煽惑他人在香港或其他地方进行会严重危害中国稳定的公众暴乱。但是反对声音指出根据普通法，煽惑他人干犯任何罪行即属犯罪，故第一种煽动叛乱的情形可以由有关叛国、分裂及颠覆国家的条文所涵盖①，直接以煽惑罪进行处罚。另外《公安条例》已禁止煽惑他人使用暴力或公众骚乱，所以并无必要再订立煽动叛乱罪。② 政府也承认煽惑他人犯相关罪行的规定只是纯粹反映普通法的情况，但是将普通法原则编纂为成文法则，能够使人更容易取览有关法律。更重要的是，《基本法》第二十三条规定应自行立法，因此订立明确的条文禁止这种情形的煽动叛乱是恰当的。另外政府强调，根据香港法例，进行公众暴乱本身不一定是一项罪名，因此，煽惑该等行为不等于煽惑他人犯罪，亦不是普通法的罪行，故煽惑他人进行公众暴乱不能以煽惑罪代替。③

2. 煽动叛乱罪之外是否仍需设处理煽动性刊物罪

虽然政府采纳图书馆管理员、新闻从业员提出的意见，废除现行的纯粹管有煽动性刊物的罪行使得言论与学术自由能得以保障，但是处理煽动性刊物罪名却在《草案》中得到保留。有反对声音指称，处理煽动性刊物涵盖非常广泛的活动，会使得印刷商、发行商以及零售商对合法的商业及贸易活动存有疑虑。在某种程度上，这会压抑自由讨论及辩论等活动，甚至会导致大部分报章、杂志以

---

① Submission on Behalf of the Bar of England & Wales，Amendments to the Hong Kong Crimes Ordinance：Treason，Secession，Subversion and Sedition.

② 《民主党反对基本法第二十三条立法意见书》。

③ 参见香港立法会《国家安全（立法条文）条例草案》委员会62号文件《国家安全（立法条文）条例草案》：煽惑作为煽动叛乱的一个元素。

及出版商进行自我审查。[①] 并且根据《草案》的规定，由于将处理煽动性刊物罪的范围收窄，故该罪的构成要素是：处理煽动性刊物；意图煽惑他人犯叛国罪、颠覆罪或分裂国家罪。但是煽动叛乱罪的第一种情形即是故意煽惑他人犯叛国罪、颠覆罪或分裂国家罪，故有声音质疑《草案》新订的处理煽动性刊物罪与煽动叛乱罪近乎重叠，没有必要保留。[②] 处理煽动性刊物罪本质看来是以印刷品进行的煽动叛乱，新订的煽动叛乱罪中将这一罪行切割出来并建议使其成为独立罪行。[③] 但是政府则认为一些怀有犯罪意图的行为，不会被煽动叛乱罪所涵盖，例如印刷了煽动性刊物，但没有分发，便不会干犯煽动叛乱罪。因此，仍有必要保留处理煽动性刊物的罪行。[④]

3. 煽动叛乱罪是否需适用《约翰内斯堡原则》

《约翰内斯堡关于国家安全、言论自由和获取信息自由原则》（简称《约翰内斯堡原则》）主要针对在涉及国家安全之情形下，政府对言论自由、资讯流通、新闻自由及法治的限制与保障。问题主要集中在第 6 项原则上，第 6 项原则要求政府在订定涉及国家安全的意见表达的指控时，必须符合三项准则，包括该言论旨在引发即时的暴力行为；该言论有可能会引发这样的即时暴力行为；该言论与暴力行为或可能发生的暴力行为两者之间有直接和即时的联系。反对声音称政府建议的煽动叛乱罪行未列明煽惑必须造成即时

① 香港立法会《国家安全（立法条文）条例草案》委员会 144 号意见书，亚洲出版业协会就《国家安全（立法条文）条例草案》提交的意见书。

② 香港立法会《国家安全（立法条文）条例草案》委员会 181 号意见书，香港新闻工作者对政府提出国家安全条例草案的意见调查报告。

③ 香港大律师公会对《国家安全（立法条文）条例草案》的意见书。

④ 香港立法会《国家安全（立法条文）条例草案》委员会 93 号文件，特区政府就香港行政人员协会所提交意见书做出回应的文件。

的严重暴力后果，因而会损害言论自由①，而且虽然《草案》有关煽动叛乱的建议定义非常倚重为人所熟悉的普通法下煽惑的概念，但是普通法对煽惑的理解与《约翰内斯堡原则》对煽惑的理解有很大的差距，因为前者没有考虑到被煽惑的行为实际发生的可能性。恰当的做法是在《草案》中加入可能性这样的概念。② 对此，政府认为《约翰内斯堡原则》第6项原则是不必要的，在许多情况下，禁止煽惑他人进行非暴力行为是符合国际人权标准的，如可禁止使国防电脑系统瘫痪这样非暴力的行为，故煽惑这些行为的人也应承担责任。并且对于可能性，政府称如某人意图煽惑引发暴力行为，对象不论是个人还是国家，他已做出不可接受的行为。普通法行之已久的原则是法律可合法地惩处这类行为，而不论有关行为是否有成功机会。③

二　煽动叛乱罪与煽惑罪的联系与区别

《草案》新订的煽动叛乱罪采用现行普通法的煽惑概念，包括第9A（1）条订明的煽惑他人犯相关罪行与煽惑他人进行公众暴乱，以及第9B条订明的煽惑煽动叛乱并非罪行。而根据普通法，煽惑他人干犯任何罪行都属犯法，也即煽惑罪。因此需探讨煽动叛乱罪与煽惑罪两者的关系，由此也可确定在煽惑罪存在的基础上是

---

① 参见香港人权联委会就《实施基本法第二十三条咨询文件》的立场书。

② Fu Hualing, Carole J. Petersen, Simon N. M. Young, *National Security and Fundamental Freedoms: Hong Kong's Article 23 Under Scrutiny*, Hong Kong University Press, 2005, pp. 104 - 105.

③ 香港立法会CB（2）1577/02 - 03（02）号文件，实施《基本法》第二十三条的建议大致与《约翰内斯堡原则》相符。

否有必要设立《草案》新订的煽动叛乱罪。但在厘清两者关系前需先明确煽惑罪与煽动叛乱罪两者的概念。

（一）煽惑罪

1. 煽惑罪的概念

普通法下，不但制裁行为人达成《刑法》所禁止的目标，而且在行为人未达成目标前也加以干预，因此，煽惑他人犯罪或者串谋企图犯罪的行为都具有可罚性。煽惑罪、串谋罪与企图罪被称为初步罪行。虽然《刑事罪行条例》第 XIIA 部对初步罪行只规定了串谋罪与企图罪，但是其一由于香港法律除包括法例外还有普通法，所以即使煽惑罪未被编入法例中，作为普通法罪行其在香港也适用；其二虽然煽惑罪未与串谋罪、企图罪统一规定在初步罪行中，但是《刑事诉讼程序条例》第 101I 条规定煽惑是可公诉罪行，煽惑他人干犯法例订有最高刑罚的罪行，可视为已干犯所煽惑的罪行而被处罚。煽惑他人干犯任何其他罪行，可处罚款及监禁七年。由此可得香港适用煽惑罪。构成煽惑罪必须具有煽惑行为且意图使被煽惑者犯罪，煽惑可包含一切意图影响他人犯罪的途径，包括劝告、鼓励、怂恿等方式，也包括威胁或施加压力等方式。而受煽惑的行为必须是犯罪行为，如果受煽惑者做出的行为不是罪行，或者受煽惑者做出的行为基于任何理由包括受煽惑者的身份或年龄均不构成罪行，便没有犯煽惑罪。[①]

2. 煽惑罪与参与犯的区别

《刑事诉讼程序条例》第 V 部关于法律程序的各方第 89 条规

① 赵秉志主编《香港刑法纲要》，北京大学出版社，1996，第 35 页。

定，任何人协助、教唆、怂使或促致另一人犯任何罪行，即属就同一罪行有罪。该条规定的是与主犯概念相对的参与犯。因此当行为人作为教唆者、怂使者或者促致者间接参与一件由主犯干犯的罪行时，煽惑罪便与参与犯存在着重合的地方。但是一般而言，如一件罪行没有发生，则没有人可因参与该罪而被定罪。例如丙有意图地鼓励丁枪杀受害者，但丁最后没有杀人，则丙并不算是参与谋杀，但是他算是煽惑谋杀。[①] 也即只有在罪行真正发生之后，对参与犯才需加以处罚，而煽惑罪则不需要罪行一定要完成。这是由于煽惑罪是独立犯罪形态，不依赖于被煽惑的罪行是否实行。但是参与犯依赖于主犯的犯罪行为，只有主犯实行犯罪行为，参与犯才可被定罪。所以在罪行发生之前，只可能被处以煽惑罪，但是在罪行发生之后，实践中由于有主犯的犯罪行为，多数会以参与犯形式给予处罚，但如果是鼓舞怂恿公众，则会以煽惑罪论处。

3. 煽惑罪与其他初步罪行的联系

煽惑他人犯罪不仅包括煽惑他人犯实质罪行，还包括煽惑他人犯初步罪行。因此，煽惑他人使其煽惑另一人犯罪需承担刑事责任，如甲煽惑乙去怂恿公众非法集结，甲此时的行为即具有可罚性。同样地，煽惑他人犯串谋罪也需承担责任，虽然煽惑他人犯串谋罪在英格兰已被废除，但是香港特区明确表示该罪应与煽惑他人犯煽惑罪一起保留，其中一个很重要的原因在于三合会的犯罪包含长时间的串谋，煽惑他人犯串谋罪可更好地禁止三合会的犯罪。而煽惑他人犯企图罪虽不可避免地会被包含在煽惑他人犯实质罪行

---

① 陈弘毅、张增平、陈文敏、李雪菁合编《香港法概论》，三联书店（香港）有限公司，2015，第 233 页。

中，但其也可被单独予以处罚。[①] 另外，任何人企图煽惑他人犯罪，或者串谋煽惑他人犯罪在普通法下也属于犯罪行为。

（二）煽动叛乱罪

煽动叛乱是普通法下的罪行，其通用定义是：煽动叛乱包括有煽动倾向及因煽动意图而做或说或写或印刷的行为或言词。其中，煽动意图及煽动倾向是指一种倾向或意图令女皇陛下或政府受憎恶或受蔑视或激发对女皇陛下或政府的不满……或以不法手段激发女皇陛下子民尝试改变教会或国家的事宜或激发女皇陛下子民间的不满，或在不在阶层的子民间散发不和情绪及敌意。[②] 另外在普通法之下，怀有煽动目的的人必须要以引起暴力事件、扰乱公共秩序或制造公众骚乱的手段来达到该目的。

香港《刑事罪行条例》关于煽动叛乱的规定沿袭普通法下对煽动叛乱罪的通用定义，规定煽动意图及罪行，但是必须要以暴力事件或者扰乱公共秩序的手段，这项普通法元素并没有在《刑事罪行条例》中订明。1952 年港英政府检控《大公报》负责人煽动叛乱罪的案件中，上诉庭也指出虽然英国普通法规定除非煽动他人使用暴力否则不构成煽动叛乱罪，但这个对此罪的限制并不适用于香港。[③] 所以在咨询文件中，考虑到《基本法》第二十七条和第三十九条适用于香港的《公民权利和政治权利国际公约》第十九条所保障的言论自由，特区政府拟将该普通法元素引入新订煽动叛乱罪中，只有有关意见、报道或评论煽动严重危害国家稳定的暴乱或

---

① Michael Jackson，*Criminal Law in Hong Kong*，Hong Kong University Press，2003，pp. 412.

② 参见香港大律师公会就《基本法》第二十三条立法的意见书。

③ 陈弘毅：《一国两制下香港的法治探索》，中华书局（香港）有限公司，2014，第 215 页。

公众骚乱才构成罪行。

另外，咨询文件中的煽动叛乱罪引入普通法下的煽惑概念，由此形成《草案》新订的煽动叛乱罪，任何人①煽惑他人犯叛国罪、颠覆罪或分裂国家罪；②煽惑他人在香港或其他地方进行会严重危害中华人民共和国稳定的公众暴乱，即属煽动叛乱。

（三）煽惑罪与煽动叛乱罪的联系与区别

第一，对于第 9A（1）（a）条煽惑他人干犯叛国罪、颠覆罪或分裂国家罪。根据《刑事诉讼程序条例》第 101I（2）与 101C 条规定，即使没有煽动叛乱罪的规定，煽惑叛国、颠覆或分裂国家的最高刑罚亦会与该等罪行的最高刑罚即终身监禁相同，适用于叛国、颠覆或分裂国家罪有关调查权力、陪审团审讯等程序上的保障也将适用于煽惑叛国、颠覆或分裂国家罪。因此正如政府所承认的该规定纯粹反映普通法的情况，将普通法原则编纂为成文法则，使人更容易取览有关法律。但是需注意该争议并不是反驳第二十三条无需进行立法，因为现行香港法例并未规定颠覆罪与分裂国家罪，该争议是讨论在第二十三条进行立法之后，是否需要将干犯煽惑罪即能予以处罚的行为修订进煽动叛乱罪里。由于成文法例比普通法更易查阅，并且该规定将叛国罪、颠覆罪、分裂国家罪与煽动叛乱罪之间的关系紧密联系起来，所以应认为这样的规定是有益的。所以应视第 9A（1）（a）条规定是煽惑罪的特别规定，两者之间是特别规定与一般规定之间的关系，在适用上应优先适用第 9A（1）（a）条。

第二，关于第 9A（1）（b）条煽惑他人在香港或其他地方进行严重危害中国稳定的公众暴乱。香港特区现行条例中存在禁止暴乱的规定，如《公安条例》第 18 条和第 19 条规定了非法集结罪与暴动罪，故可以煽惑非法集结罪与煽惑暴动罪对公众暴乱行为进行处罚，这样的观点实际上是不恰当的。其一，煽惑他人干犯实质罪行，而构成实质罪行的除了犯罪行为还有犯罪意图，虽然暴动罪的犯罪行为表现为公众暴乱，但是其犯罪意图在于破坏社会安宁，而第9A（1）（b）条煽惑的公众暴乱意在危害国家安全。公共秩序和国家安全都是应予以保护的法益，但是两者并不相同，不能相提并论，因此煽惑他人进行危害国家安全的公众暴乱并不能以煽惑罪进行调整。其二，与煽惑犯叛国、颠覆或分裂国家罪这种情形不同，若不将煽惑他人进行公众暴乱收纳为煽动叛乱罪的一部分而是作为煽惑罪予以处罚，那么新订的条款需获律政司司长同意，可选择由陪审团审讯等程序上的保障将不被适用，也即煽惑罪并不能提供煽动叛乱罪所享有的程序上的保障。所以应认为第9A（1）（b）条规定与煽惑罪是分别独立的两个罪名，需拟定第9A（1）（b）条保护国家安全法益。

第三，关于第9B条煽惑他人煽动叛乱罪并非罪行。该条拟定并不妥当，煽动叛乱罪虽将煽惑的概念引入，但是其已构成实质罪行。煽惑他人干犯实质罪行已属煽惑罪，需承担刑事责任，在这样的情况下，第9B条规定将有悖于煽惑罪的规定。即使退一步，由以上的分析可知，煽动叛乱罪的第9A（1）（a）条是煽惑罪的特别规定，本质上规定的是初步罪行，但是煽惑初步罪行也属犯罪，即煽惑他人煽惑第三者犯叛国罪具有可罚性，而第9A（1）（b）条规定是另拟定一实质罪行，由此也可得第9B条规定与煽惑罪的规定不符。

三　煽动叛乱罪与处理煽动性刊物罪的关系

《草案》在煽动叛乱罪之外，新增处理煽动性刊物罪，规定任何人怀有借着任何煽动性刊物而煽惑他人犯叛国罪、颠覆罪或分裂国家罪的意图，而（a）发表、售卖、要约售卖、分发或展示该煽动性刊物；（b）印制或复制该煽动性刊物；或（c）输入或输出该煽动性刊物即属犯罪，其中煽动性刊物指相当可能导致犯叛国罪、颠覆罪或分裂国家罪的刊物。该罪名的规定源自《刑事罪行条例》第10（1）（c）条与第10（1）（d）条规定的煽动叛乱行为，但特区政府进一步地对其予以限缩，只有行为人怀有煽惑相关犯罪的意图处理煽动性刊物才需受到处罚。特区政府的原意应是对《刑事罪行条例》中原本独立的四种行为分别进行收窄，考虑到第10（1）（a）条与第10（1）（b）条收窄为新煽动叛乱罪后，也将第10（1）（c）条与第10（1）（d）条收窄为处理煽动性刊物罪，但是政府忽略了在收窄的过程中，由于引进煽惑等元素，行为之间已不再互相独立，新订的处理煽动性刊物罪完全可交由煽动叛乱罪予以调整，没必要在煽动叛乱罪之外再设处理煽动性刊物罪。

第一，新订的处理煽动性刊物罪，犯罪行为为处理煽动性刊物煽惑他人犯叛国罪、颠覆罪或分裂国家罪，犯罪意念为故意。而煽动叛乱罪的犯罪行为为煽惑他人犯叛国罪、颠覆罪或分裂国家罪与煽惑他人进行严重危害中国稳定的公众暴乱，犯罪意念为故意。由此可见其犯罪要素与新订煽动叛乱罪的犯罪要素相同，构成处理煽动性刊物罪的也可构成煽动叛乱罪，政府虽然认为一些怀有犯罪的意图的行为，不会被煽动叛乱罪所涵盖，例如印刷了煽动性刊物，没有分发，便不会干犯煽动叛乱罪。[①] 但是如果是印刷了煽动性刊

① 香港立法会《国家安全（立法条文）条例草案》委员会93号文件，特区政府就香港行政人员协会所提交意见书做出回应的文件。

物并予以发表售卖，即同时犯了处理煽动性刊物罪与煽动叛乱罪，可是两者的刑罚却截然不同，前者最高刑罚是监禁七年，而后者最高刑罚是终身监禁，若处以何种刑罚取决于以何种罪名起诉的话，那么同一行为因罪名的不同而得到不同的量刑，这无疑是不妥的。

第二，处理煽动性刊物罪只是以刊物进行的煽动叛乱，其在于刊物可能会导致煽动叛乱进而对国家安全造成危害，但本质上这只是一种煽惑手段，通过发表、售卖、分发刊物进行煽惑他人犯叛国罪、颠覆罪或分裂国家罪，其与其他煽惑手段的目的没有分别，并不能只就这种煽惑手段做特别规定处以独立的罪行，而对于其他的煽惑手段，比如利用互联网与移动存储介质等新型媒介，或者利用集会发表演讲进行煽惑，则以煽动叛乱罪论处，否则会造成以刊物进行煽惑的行为处罚远比以其他煽惑手段进行煽惑的处罚轻。

第三，在其他规定煽动叛乱罪的英联邦国家中，处理煽动性刊物行为也不单独成罪。①澳大利亚《反恐法令 2005》将《刑事罪行法 1914》规定的煽动叛乱罪予以修订，不再单独规定撰写、刊印、发表或发布任何煽动性文字即处理煽动性刊物行为构成犯罪，而只针对煽动叛乱行为进行规定。其后“煽动叛乱”一词在《国家安全立法修正案 2010》中被替换为“敦促暴力”，但本质上仍是在规制煽动叛乱的行为，但在新订的条文中，也仅对敦促暴力进行规定，未单独就刊物问题另行规制。②新加坡《煽动叛乱法》规定了煽动意图以及相应的罪行，但是其订立的方式与香港特区现行《刑事罪行条例》相同，规定独立的四种行为包括处理煽动性刊物行为构成犯罪，并未将处理煽动性刊物行为与煽动叛乱罪割裂为两个罪名。③印度《刑事法典》对煽动叛乱罪进行了规定，任何人通过文字，无论是口头的还是书面的，通过标志，通过可见的表达方式或者其他方式，意图引起对在印度依法成立的政府的憎恨、藐视或激起对其离叛，即属犯罪。可见，印度也并未就刊物问题另行定罪处罚。所以，处理煽动性刊物罪并不是必需的罪名，也不需要再单独订立针对处理煽动性刊物行为的罪名，在新订的煽动叛乱罪下即可对这种行为进行处罚。

四 《约翰内斯堡原则》的适用问题

《约翰内斯堡原则》共有 25 项原则，旨在平衡国家安全与言论和信息自由两者的利益，其中虽然允许政府可因国家安全对言论自由做出限制，但是相对于一般的国际公约，其所订的第 6 项原则对言论自由的限制提出了更高的要求，只有当政府证实：①该言论旨在引发即时的暴力行为；②该言论有可能会引发这样的即时暴力；③该言论与暴力行为或可能发生的暴力行为两者之间有直接和即时的联系，才可以对国家有威胁为理由对言论进行处罚。《草案》提出的煽动叛乱罪并未引入第 6 项原则的规定，虽然政府之后提出的修正案参考了其中的第（2）项准则“可能性”的概念，但是对于“即时暴力”等因素仍排除在煽动叛乱罪的犯罪要素之外。不可否认，《约翰内斯堡原则》对言论自由与信息自由的保障提出更高要求，但是基于其性质与适用上的局限性，香港没有义务也没有必要将该原则适用到煽动叛乱罪中。

（一）《约翰内斯堡原则》的性质

《约翰内斯堡原则》是倡导性原则，香港并无义务适用该原则。该原则源于1995年10月1日在南非约翰内斯堡召开的一场国际会议，由一群国际法、国家安全和人权方面的专家通过。规定的原则是建立在与保护人权有关的国际性和区域性的法律与标准，演进中的国家实践包括反映在国家法庭判决中的内容，以及被各个国家普遍接受的一般法律原则的基础之上。但正如其导言所宣称，建议在国家、区域和国际三个层面的有关机构采取措施推进这些原则的广泛传播、接受和实施，《约翰内斯堡原则》只属学术性原则，是一些学者在国际上试图倡导的一些标准，实则不具有国际法上的意义，没有法律约束力，香港并无义务将这些原则纳入立法之中。

事实上关于言论自由的保障，对香港特区具有法律约束力的应是《基本法》以及纳入《香港人权法案条例》的《公民权利和政治权利国际公约》。《基本法》允许在不抵触《公民权利和政治权利国际公约》前提下对言论自由做出限制，而《公民权利和政治权利国际公约》则订明可为保障国家安全或公共秩序，或公共卫生或风化，对言论自由予以某种限制，这种限制需经法律规定。香港拟定的煽动叛乱罪不抵触《基本法》及《公民权利和政治权利国际公约》即已足够，并无义务再去适用《约翰内斯堡原则》。

（二）《约翰内斯堡原则》的局限性

《约翰内斯堡原则》旨在在国家安全和言论自由之间取得平衡，但是由于其对权利的保障要求过高，某些情况下将损害到国家安全利益。如争议的第6项原则规定限制言论自由需满足三项要求，实际上这些要求在适用的过程中具有局限性。对第（1）项准则要求的“即时”，如果某恐怖组织煽惑他人以武器武装自己以准备未来几个月之后进行一场分裂国家的公众暴乱，根据“即时”的要求将不能对该行为进行处罚。但事实上该行为虽没引发即时暴力但已然对国家安全造成了危害，不予处罚并不合理。而对于第（2）项准则要求的“可能性”概念，须知普通法下的煽惑罪等初步罪行，与实质罪行关注危害行为和危害结果不同，其是以犯罪心理以及由此导致的危险或风险为基础，所以即使煽而不动也可对煽惑行为进行处罚，因此若是引入“可能性”则会缩小煽惑罪的适用范围，进而缩小煽动叛乱罪的适用范围，这有悖于普通法的传统，也不利于保护国家安全。

除争议的第 6 项原则之外，实际上《约翰内斯堡原则》中部分原则的规定与香港特别行政区的立法已有所冲突。如第 7 项原则规定，对国家或其象征物等批评或侮辱的言论不应视为威胁国家安全的言论，故而也不可受到任何限制和惩罚。但是依照列入香港《基本法》附件三的《国旗法》及香港特区的《国旗及国徽条例》和《区旗及区徽条例》，这些言论都应受到处罚，显然这些原则不能成为特区政府惩治犯罪的依据和指导思想。[①] 因此结合《约翰内斯堡原则》对国家安全利益的保护程度以及现实适用的情况，并无必要在煽动叛乱罪的犯罪要素里引入该原则。

五 煽动叛乱罪的犯罪要素

（一）犯罪行为

煽动叛乱行为应仅限于《草案》新订的两种罪行，即煽惑他人

① 宋小庄：《约翰内斯堡原则是否适用于香港》，https：//news. mingpao. com/pns/dailynews/web_ tc/article/20160617/s00012/1466100796545。

犯叛国罪、颠覆罪或分裂国家罪与煽惑他人在香港或其他地方进行会严重危害中华人民共和国稳定的公众暴乱，只要做出上述行为，无论所采取的手段是暴力的还是非暴力的，也无论是通过发布出售煽动刊物还是在公众场合发表演讲等煽惑手段，都是法例所禁止的煽动叛乱行为。煽惑的性质不需要令被煽惑者相当可能犯相关罪行或公众暴乱，仅需根据煽惑的概念对行为人进行处罚，即使某人没有成功怂恿另一人犯罪，或即使该人相当可能不会成功，行为人亦需受到处罚。

1. 煽惑犯相关罪行

煽惑他人犯叛国罪、颠覆罪或分裂国家罪的行为具有可罚性。由于该规定是煽惑罪的特别规定，需遵循普通法下煽惑罪的适用原则，所以构成该行为要求构成实质罪行的犯罪要素存在，如果构成叛国罪等的若干要素不存在，那么行为人即不会触犯煽惑他人犯叛国罪等。考虑到《草案》将叛国罪等罪行的效力延伸到境外，即除了香港境内，具香港永久性居民身份的中国公民可在香港以外犯叛国罪，香港永久性居民可在香港以外犯颠覆或分裂国家罪。[①] 因此任何人在香港煽惑上述人士在香港以外干犯叛国罪、颠覆罪或分裂国家罪，都具有可罚性。除此之外，因为其他人士在香港以外做出叛国等行为并不会构成叛国罪等，所以煽惑其他人士在香港以外做出叛国、颠覆或分裂国家的行为，并不构成罪行。

2. 煽惑进行公众暴乱

煽惑他人在香港或其他地方进行会严重危害中华人民共和国稳定的公众暴乱的行为为法例所禁止的行为。首先，不同于煽惑

---

① 参见《国家安全（立法条文）条例草案》第2（3）条、2A（3）条及2B（3）条。

犯特定罪行是煽惑罪的特别规定，该规定独立于煽惑罪，只是在这引入煽惑这一概念，为劝告、鼓励、怂恿、威胁或施加压力等之意。其次，不仅在香港引发公众暴乱，在其他地方进行严重危害中国稳定的公众暴乱同样需要处罚。即使暴乱是在香港境外发生，但是香港作为中国的一部分，任何会危害中国稳定的活动同样会危害到香港地区，因此香港特区可禁止任何人做出该种行为，某种程度上这将填补煽惑其他人士在香港境外做出叛国等行为不构成罪行的空缺。然后，该公众暴乱需是严重危害中国稳定。何为严重危害中国稳定的公众暴乱，在这里可通过公众暴乱所针对的对象来理解，比如是针对政府部门、政治体制、政策决策过程，对国家经济意义重大的基础设施或机构等发起的公众暴乱则可认为是危害中国稳定。① 因此在这样的情况下公开表示同情和支持内地工人通过罢工争取权益，若由此引起公众暴乱不应被认为是危害中国稳定。最后，对煽惑公众暴乱，纯粹发表意见或纯粹报道或评论其他人的意见或行为不会构成刑事罪行。

（二）犯罪意图

煽动叛乱罪的成立须具有煽动意图，煽动意图规定在现行《刑事罪行条例》第 9 条，并在《草案》中予以保留。但是结合第 9A 条新订的煽动叛乱罪，应理解为只保留煽惑他人使用暴力这项意图，而废除现行法例的其他六项煽动意图，包括意图引起对中央政府或其他主管机关、特区政府、国家其他地方政府的憎恨，藐视

---

① Benjamin Lotz, Article 23 of the Hong Kong Basic Law: Whither Media Freedom? *Law and Politics in Africa, Asia and Latin America*, Vol. 45, No. 1 (2012), pp. 67.

或激起对其离叛；意图激起内地居民或香港特区居民企图不循合法途径改变特区法定事项；意图引起对特区司法的憎恨、藐视或激起对其离叛；意图引起内地或香港居民间的不满、离叛；意图引起或加深香港不同阶层居民间的恶感或敌意；意图怂使他人不守法或不服从合法命令。但是由于煽惑他人犯叛国罪、颠覆罪或分裂国家罪，其中如颠覆罪，其犯罪手段可包括战争、暴力或者严重犯罪手段，并不仅局限于暴力，因此只保留意图煽惑他人使用暴力将无法对应煽惑他人犯相关罪行的犯罪行为，建议修改为意图煽惑他人从事叛国罪、颠覆罪和分裂国家罪与意图煽动他人使用暴力两项煽动意图。

由于煽动叛乱罪是否成立还需判断行为是否具有煽动意图，所以对于不怀有煽动他人意图而单纯撰写文章者并不构成煽动叛乱罪，如果有人在阅读文章后产生意图去实施有关的犯罪，则应认为与文章的作者无关，因此学术上的见解、批评和研究并不会被包含进煽动叛乱罪的规制范围之内，故而不会对学术自由造成过多限制。而对于在集会示威中展示或高叫内容涉及威胁使用武力的口号是否构成煽动叛乱罪，应取决于发布言论者是否具有煽动叛乱的意图。但是实务上要在充满高涨情绪的示威集会中证明行为人的存在意图甚为困难，建议可从活动本身是否以危害国家安全为目的，和行为人之行为会令群众产生危害国家安全的意图是否常人在一般情况之下也可察觉这两个方面进行判断。[①] 另外，可根据犯罪意图区分不同的犯罪。如虽然犯罪行为都表现为煽惑公众在香港地区发生暴乱，但如果是意图煽惑他人做出危害社会安宁的暴乱则应以煽惑

① 郑锦耀：《国家安全立法问题研究》，http：//www. calaw. cn/article/default. asp？ id = 1125。

暴动罪论处，如果是意图煽惑他人危害国家安全，则应根据煽动叛乱罪进行处罚。

六　煽动叛乱罪的刑罚适用

由上述分析可得知，只有在行为人做出煽惑他人犯叛国罪、颠覆罪或分裂国家罪的犯罪行为或煽惑他人在香港地区或其他地方进行会严重危害中国稳定的公众暴乱的犯罪行为，并具有煽动意图时才构成煽动叛乱罪。《草案》拟议做出煽惑他人犯特定罪行而煽动叛乱的刑罚，最高可处终身监禁，而做出煽惑他人进行公众暴乱而煽动叛乱的刑罚，最高可处监禁七年及罚款。而现行《刑事罪行条例》规定犯煽动叛乱罪，第一次定罪可处监禁两年及罚款，其后定罪可处监禁三年，并且将煽动刊物予以没收并归予官方。可见相比现行的煽动叛乱罪，《草案》中所拟刑罚更重，但是应认为其设置具有一定的合理性。

对于煽惑他人犯特定罪行，如前文所述该规定是煽惑罪的特别规定，而根据香港地区现行法例对煽惑罪的规定，煽惑他人犯法例订有最高刑罚的罪行，可视为犯所煽惑的罪行而被处罚，即煽惑他人犯叛国罪等可视为犯叛国罪等而最高处以终身监禁的刑罚。所以该刑罚设置也只是沿袭普通法下煽惑罪的刑罚适用，并无加重刑罚之意。

对于煽惑他人进行公众暴乱，如前文所述该规定是新订的罪行，与煽惑罪是独立的两个罪行，但是根据《公安条例》第 19 条暴动罪的规定，任何人参与暴动，一经循公诉程序定罪，最高可处监禁十年的刑罚。因而煽惑暴动罪也可视为犯暴动罪而最高处监禁十年的刑罚，但是煽惑他人进行公众暴乱最高则可处监禁七年的刑罚。对于刑罚的设置，其应是由一系列越轨行为构成的阶梯，它的最高一级就是那些直接毁灭社会的行为，最低一级就是对于作为社会成员的个人所可能犯下、最轻微的非正义行为。在这两级之间，包括所有侵害公共利益的，我们称之为犯罪的行为，这些行为都沿着这无形的阶梯，按从高到低顺序排列，由此需要一个相应的、由最强到最弱的刑罚阶梯。[①] 应认为公共秩序和国家安全是同等重要需予以保护的法益，所以煽惑危害社会安宁的暴乱与煽惑危害国家安全的暴乱，这两种行为在犯罪阶梯上应处于同等的位置，对应的在刑罚阶梯上也应处于同等的位置，所以未来立法时建议将煽惑他人进行严重危害中国稳定的公众暴乱的刑罚适当地提高。

结　语

香港特别行政区政府应尽快就《基本法》第二十三条对煽动叛乱等危害国家安全的行为自行立法，特区政府可在2003年《国家安全（立法条文）条例草案》的基础上对现行法例规定的煽动叛乱罪进行收窄，由于煽惑罪不能完全调整煽动叛乱行为，因此设立煽动叛乱罪存在着必要性，在此基础上不需要另外再设处理煽动性刊物罪名，煽动叛乱罪单独一个罪名即可对煽动叛乱行为进行处罚。至于煽动叛乱罪的犯罪要素，特区政府并无义务引入《约翰内斯堡原则》，行为人具有煽惑他人犯叛国罪、颠覆罪或分裂国家罪或者煽惑他人在香港或其他地方进行会严重危害中华人民共和国稳定

---

① 〔意〕贝卡利亚：《论犯罪与刑罚》，黄风译，中国法制出版社，2009，第80~81页。

的公众暴乱的犯罪行为以及煽动意图，即可构成煽动叛乱罪而受到相应的刑罚。

The Offence of Sedition in Hong Kong's National Security Legislation

Guo Tianwu   Tang Che

Abstract: Under Article 23 of the Hong Kong Basic Law, the HKSAR government has the responsibility of enacting legislation to prohibit the offence of sedition and other acts endangering national security. On amending the offence of sedition, the legislature should narrow the scope of existing legislation on the basis of the National Security (Legislative Provisions) Bill 2003. The amendment should focus on the establishment of the offence of sedition, the establishment of the offence of handing seditious publication and the application of The Johannesburg Principles. It is clear to determine the criminal elements and penalty of sedition when recognizing that it is necessary to establish the offence of sedition and there is no need to establish the offence of handing seditious publication and accept The Johannesburg Principles.

Keywords: Hong Kong Basic law; National Security; Sedition; Element of Crime

对香港《基本法》第二十三条的重新审视*

叶一舟**

摘　要： 香港《基本法》第二十三条立法的问题由来已久，但大部分研究以时效性和对策性为研究对象。然而，切实做好《基本法》第二十三条立法的工作，既要充分理解法律条文的深层内涵，也要确保立法的内容与时俱进，从而保证所立之法符合国家当前的发展特点及安全需求。现代国家的安全机制要求政府在其管治活动的各个层次和领域都要管控安全风险、消除安全威胁，并且将传统安全与非传统安全都纳入国家安全的范围之内。我国的国家安全观念也已经从单纯注重军事领域安全的传统模式逐步转变到了兼顾政治、经济、文化和社会等领域的总体安全。从国家治理能力与治理体系现代化的角度看，《基本法》第二十三条立法也需要朝着这个方向进行。因此，《基本法》第二十三条立法应根据实际情况灵活结合统一立法和分散立法的方式，在传统安全和非传统安全领域里充分实现对国家安全的维护。

关键词： 香港《基本法》　安全机制　总体安全　紧急权力

---

* 本文是国家社科基金重大招标项目"'占中'后香港特区国家安全立法问题研究"（项目编号：15ZD036）的阶段性研究成果。

** 叶一舟，法学博士，中山大学粤港澳发展研究院副研究员。

引 言

香港《基本法》第二十三条（以下简称第二十三条）规定："香港特别行政区应自行立法禁止任何叛国、分裂国家、煽动叛乱、颠覆中央人民政府及窃取国家机密的行为，禁止外国的政治性组织或团体在香港特别行政区进行政治活动，禁止香港特别行政区的政治性组织或团体与外国的政治性组织或团体建立联系。"该条文被认为规定了香港特别行政区政府具有宪制义务，就特定事项进行立法以在香港地区维护国家安全。① 然而，自 2003 年香港特区政府推动第二十三条立法失败以来，此项宪制义务就一直处于未被履行的状态。围绕由此所引出的第二十三条立法问题，学界也进行了一系列研究。这些研究大致上可以分为两类，一类主要以立法草案的内容及相关争议为对象，另一类则是以关注立法路径、策略或方案为主的策论式研究。这两类研究都致力于回应现实需求，具有较强的时效性和对策性。然而，为了确保立法效果，切实维护国家在香港的安全利益，就不仅需要对策性研究，也需要重新审视第二十三条以准确把握其深层内涵，为立法工作提供理论指导。尤其是在过去的十几年里，香港自身状况及国家发展形势都发生了许多重大变化。首先，随着我国进入新的发展时期以及总体安全观的提出，我国的安全观念和安全需求已然发生了显著转变，传统安全与非传

① 相关学者的论述可参见梁美芬《香港基本法：从理论到实践》，法律出版社，2015，第 198 ~ 201 页；Kemal Bokhary，Michael Ramsden，Stuart Hargreaves，*Hong Kong Basic Law Handbook*，Sweet & Maxwell 2015，pp. 68。

统安全共同构成了国家安全的完整内涵。其次，“一带一路”建设和“粤港澳大湾区”城市群建设的推进，使得香港的安全事务日益显现出跨区域的属性。如何在促进国家发展的过程中有效地维护国家的安全利益，已成为当下亟须思考的重点问题。再次，“占中”后的香港安全形势已然发生了显著的转变，隐于公民合法权利外观之下的安全威胁成为危害国家安全的主要威胁。最后，过往对第二十三条的探讨大多关注立法草案所引起的争议以及化解、规避这些争议的策略，鲜有对第二十三条自身的深层内涵做充分阐释，不利于准确把握其中的重要法律关系和立法精神。因此，通过对第二十三条的重新审视，可确保对其的理解与时俱进，继而使得将来所立之法真正具有现实意义。

然而，对第二十三条的重新审视，既不是要对香港《基本法》制定的史实或背景信息进行简单再梳理，也不是要对法律条文的字面意思进行逐字逐句解读，而是以实践为指向、结合学理对法律条文进行体系化的释论。具体到第二十三条而言，有三个重要的问题亟须在法学理论的层面上得到澄清。第一，在国家治理现代化的视角下，安全的基本内涵以及安全机制运作的基本模式是怎样的？其中，特别需要阐明的是安全机制运作的内在逻辑及其与法律机制之间的关系，从而澄清安全机制作为现实风险管控机制的实质。第二，结合安全机制的基本原理以及国家安全观念的变迁，揭示国家安全是传统安全与非传统安全的统合。第三，以国家安全观念的变迁为线索，探寻《基本法》第二十三条在制度上所意欲保护的国家安全的内涵。第四，基于对上述三个问题的思考，本文将就第二十三条立法所应注重的内容及完成立法的方式提出初步建议。

一 安全的基本内涵与基本机制

无论是在国际层面还是国内层面，国家安全的内涵都不是一成不变的。随着国内外形势的变化以及国家安全观念的更新，国家安全的内涵也将发生变化。因此，国家安全的内涵反映出现实的安全需求，而对国家安全的内涵进行分析实际就是对现实安全需求的认知。自然地，当需要立法保护国家安全的时候，所立之法律就要充分地切合立法时相应的国家安全内涵，从而确保立法的科学性。否则，将十分可能导致所制定出的法律因无法适应现实的安全形势而变成束之高阁的摆设。所以，在思考第二十三条立法的任何实际操作问题之前，有必要首先在一般理论层面分析、澄清安全在现代国家治理中的基本内涵和基本机制。

（一）安全的基本内涵

对安全的理解并不应局限于对特定行为进行立法禁止及惩处的单一视角，反而要意识到它是深深地内嵌于国家治理活动当中的一个综合性概念，并且始终与空间秩序及多样性紧密关联。因此，对于现代国家而言，维护国家安全绝非仅是关乎对特定的几个或几类行为进行定罪量刑的问题，而是关乎国家如何综合地运用权力对安全因素进行合理配置。为此，在国家治理模式的发展历程中，至少出现了三种相关机制，分别是法律机制、规训机制以及安全机制。

当前，绝大部分关于在香港地区维护国家安全的思考和探索是按照法律机制的思维来进行的。因为，法律机制是“包括制定一部法律和对犯法者确定一种惩罚，及对允许和禁止进行二元划分的法典的系统，法典、被禁止的行为和某种惩罚之间衔接为一个系统”。[①] 然而，纵观整个国家治理的发展史，法律机制实际上是一种较为原始和单一的机制。根据福柯的划分，法律机制及其所代表的刑罚体系，发轫自中世纪并一直沿用到十七、十八世纪，是一种古代体系。随之而来的，是作为现代体系的规训机制以及作为当代体系的安全机制。[②] 这三者之间的关系，并非后来者完全对前者取而代之，而是“主导因素发生了改变，或者更准确地说，发生改变的是司法－法律机制、规训机制与安全机制之间相互关联的系统”[③]。因此，安全机制的建立与运行往往需要发展和调用法律机制和规训机制的各种制度和技术。

那么，在上述视野之下，安全究竟具有怎样的内涵？从国家治理或主权权力运行的角度来看待安全时，就意味着对特定空间内的一系列相互作用的不确定因素进行配置。申言之，“法律禁止，规训规定，而安全既不禁止也不规定，虽然有时也借助禁止和规定的工具，安全的主要功能是回应某种现实，而这个回应要消除这个现实——消除它，或者控制它，或者制止它，或者调整它……安全与在现象中运作的法律不同，与在现实的补充中运作的规训不同，它试图在现实之中运作，通过一系列分析和专门机构，它使现实的要素之间相互作用”[④]。可见，基于与法律及规训的手段相结合，安

① 〔法〕米歇尔·福柯：《安全、领土与人口》，钱翰、陈晓径译，上海人民出版社，2010，第4页。

② 〔法〕米歇尔·福柯：《安全、领土与人口》，钱翰、陈晓径译，上海人民出版社，2010，第5页。

③ 〔法〕米歇尔·福柯：《安全、领土与人口》，钱翰、陈晓径译，上海人民出版社，2010，第6页。

④ 〔法〕米歇尔·福柯：《安全、领土与人口》，钱翰、陈晓径译，上海人民出版社，2010，第36～37页。

全机制在预先规定和事后惩罚之外，更注重以专门化的途径对现实的安全风险进行监控，并最终消除这些安全风险所构成的威胁。总之，安全的基本内涵就是在特定的空间里一系列现实的、相互作用的风险因素得到稳定可控的配置的状态。

（二）安全的基本机制

基于上述安全的基本内涵，亦可以进一步总结出安全的基本机制。概言之，安全机制有以下几个基本特点。在思维上，安全机制与法律机制并不相同。法律机制在思维上预先假定了法律规范适用的条件，并规定了相应的行为模式和法律后果。这一点是由法律规范的基本逻辑结构决定的。[①] 申言之，无论是包含“假定”、“处理”与“制裁”的三要素说，抑或是包含“行为模式”和“法律后果”的二要素说，乃至包含“假定”、“行为模式”与“法律后果”的要素说，其思维都是遵循一种从预想、想象的情形到采取现实措施以及产生现实结果的内在逻辑。而安全机制在思维上则与此大相径庭。尽管安全机制的运行也需要涉及法律机制的调用，但那只是安全机制的阶段性特征。安全机制运行的基本思维以回应现实中的风险因素或权力关系为出发点，以分析、调整和控制为手段，试图通过对安全要素进行配置来实现安全。因此，法律机制的预先假定、事后惩罚的禁止性思维固然是整个安全机制的组成部分，但只是起到辅助作用，并不是安全机制的全部，也不是安全机制的主体思维。换句话说，法律机制是安全机制的一部分手段，而不是安全机制本身，更不能错误

① 关于法律规范的基本逻辑结构的介绍，可参见雷磊《规范、逻辑与法律论证》，中国政法大学出版社，2016，第 132 ~ 142 页。

地把作为手段的、服务于安全机制的法律机制等同于目的。不掌握这一点，不仅会误解安全机制的本质，更会对实践发出错误的指引。

在安全机制产生及发展的历史当中，调用法律机制应对来自国家外部、企图以战争等直接的暴力方式导致一个国家覆灭或领土分裂的安全威胁，只是安全机制在早期的运行形式之一。而2003年发生的围绕第二十三条立法草案的争论，在很大程度上是围绕着这一形式展开的。例如，当年拟定的《国家安全（立法条文）条例草案》将叛国定义为“任何中国公民（a）怀有；（i）推翻中央人民政府；（ii）恐吓中央人民政府；或（iii）威胁中央人民政府改变其政策或措施的意图而加入与中华人民共和国交战的外来武装部队或作为其中一分子；（b）鼓动外来武装部队以武力入侵中华人民共和国；（c）怀有损害中华人民共和国在战争中的形势的意图而做出任何行为，藉此协助在该战争中与中华人民共和国交战的公敌”。此处所称的战争，则为“（i）武装部队之间发生公开武装冲突；（ii）已做出公开宣战”。该《草案》对颠覆和分裂国家行为的定义也包含了上述有关战争的规定。从中可以看出，这一系列条文所欲应对的安全威胁包含两个主要因素：第一，存在一个公开的外部敌对势力；第二，敌对的形式是战争。所以，此间暗含了一个重要的前提条件，即明确的敌友划分。施米特曾将战争称为敌对性的显现形式。他认为，“朋友与敌人这对概念必须在其具体的生存意义上来理解”，并且“只有当一个斗争的群体遇到另一个类似的群体时”才存在，因而是一种公敌。[①] 反过来说，所谓的公敌必然暗

① 〔德〕卡尔·施米特：《政治的概念》，刘宗坤等译，上海人民出版社，2004，第109～110页。

含了敌友的划分，并在战争中得到最明确的显现。而这一论断与安全机制的运行模式有着十分密切的联系。

1. 安全机制的传统模式

真正的安全机制所应对的对象必然具有多样性，以战争为敌对形式的外部势力只是其中之一，属于安全机制的传统模式的应对范围。第二十三条立法草案对叛国、颠覆及分裂国家等行为的定义所反映出的正是安全机制的传统模式。然而，安全机制的传统模式固然经典，也有很大的局限性，其作用的发挥端赖于一套特定的现实条件和内在逻辑。详言之，当危害国家安全之活动的形式是战争或动乱时，敌友之间的界限是十分清晰的，而与之相伴随的是国家由日常状态向非常状态的显性转化，并且与专政权的行使息息相关。这一模式的制度设计及其内在逻辑的形成具有深刻的历史根源，构成了现代国家处理类似问题的经典范式。

阿甘本曾论述过一种在古罗马时期被称为“悬法”的状态，其与维护共和国的安危有着紧密联系。在古罗马时期，当共和国的生存岌岌可危时，保卫祖国、解除危机成为压倒一切的考虑，执政官在元老院督促之下可以采取一切必要乃至超越法律的措施来拯救国家。[①] 在日常的法政运作之中，执政官权力的行使在同僚制和任期制等凸显共和制之分权制约精神的约束下进行，同时也要遵守一般法律规定，从而有别于王政时期的国王权力。[②] 可是，一旦国家遭遇到了非常形势，一个独断地行使权力、不受正常之法度束缚的人物在执政官的推举下出现，“此人就是‘陆军统领’，又称‘独

---

① 参见〔英〕安德鲁·林托特《罗马共和国政制》，晏绍祥译，商务印书馆，2014，第112～117页。

② 参见〔德〕特奥尔多·蒙森《罗马史》，李稼年译，商务印书馆，2015，第250～253页。

裁官’（dictator）”[①]。独裁官这一制度设计与执政官同时诞生，目的是在应对战争等紧急情况时，可以不经民意之许可，免除分权制约之害，捍卫共同体的安全。[②] 在这一情形之下，共同体实际上处于一种被称为“悬法”的状态，即整个法律制度被悬置从而处于一种休止的状态。[③] 此时并非要破坏或者废除法制，即“悬法”并不是废法，而是为了在威胁共同体生存的危机被解除后，重新恢复法制，适用法律。因此，“这个缺乏法的空间，似乎基于某种理由，对法秩序来说具有非常根本的重要性……仿佛，为了奠定自身，法秩序就必然要维持自己与无法状态的关系”[④]。这一重要的法政实践一直延续到了现代公法的运行当中，并被施米特从“非常状态”视角加以阐述。在非常状态下，法律黯然隐退，但“不同于无政府状态或混乱状态，所以法学意义上的秩序仍然占据主导，尽管这已经不再是那种平常的秩序”[⑤]。在此，本文欲指出，上述捍卫国家免受动乱或战争威胁的机制要恰当运行，必然依赖于敌友的清晰划分及以此为基础的日常状态向非常状态的显性转化。申言之，动乱及战争的发动者和参与者通过自身的行为将自我置于国家生存的对立面，从而处于清晰、尖锐的矛盾关系的一端。即便某些时候共同体成员对此的认识还不够清晰，国家的守护者仍能通过宣告或动员等方式使敌友关系具体化、清晰化。例如，西塞罗曾在马克·安东尼的大军开向罗马时，向元老院的元老们说，“我坚信有必要宣告动乱状态，发布悬法，并披上战袍”；又或类似于西

① 参见〔德〕特奥尔多·蒙森《罗马史》，李稼年译，商务印书馆，2015，第255页。

② 参见〔德〕特奥尔多·蒙森《罗马史》，李稼年译，商务印书馆，2015，第256页。

③ 〔意〕吉奥乔·阿甘本：《例外状态》，薛熙平译，西北大学出版社，2015，第65~66页。

④ 〔意〕吉奥乔·阿甘本：《例外状态》，薛熙平译，西北大学出版社，2015，第79页。

⑤ 〔德〕卡尔·施米特：《政治的概念》，刘宗坤等译，上海人民出版社，2004，第9页。

庇阿·纳西卡所说，“希望国家得救的人，跟我来吧”![1]

相类似的方式在奉行民主与法治的现代国家里，则是宣布国家进入战争状态或紧急状态。例如，法国《宪法》的第十六条规定，“如果共和国制度、国家独立、领土完整或国际义务的履行遭受严重的紧急的威胁，以及宪法性公共权力机构的正常运行被迫暂停，共和国总统可经正式咨询总理、议会两院议长和宪法委员会意见采取形势所必要的措施”[2]。我国《宪法》第八十条亦规定，国家主席有权力根据全国人大及其常委会的决定，“宣布进入紧急状态，宣布战争状态，发布动员令”。香港《基本法》第十八条则规定，“全国人民代表大会常务委员会决定宣布战争状态或因香港特别行政区内发生香港特别行政区政府不能控制的危及国家统一或安全的动乱而决定香港特别行政区进入紧急状态，中央人民政府可发布命令将有关全国性法律在香港特别行政区实施”。凡此种种规定皆揭示了一个深刻的原理，一旦进入紧急状态或战争状态，国家权力的行使方式就要发生重大变化，整个法政制度的日常运行模式都要中断，公民的部分权利就要被克减。此时，国家权力的另一种行使方式势必要进场，由此也产生了被称为“宪法专政”的现象。在一些不严谨的论述中，“专政”往往与“专制”或“暴政”混为一谈，导致了一些严重误解的产生。实际上，专政在西方法律思想和实践里有着悠久传统，“本质上只是一种临时性的、维护共和政体的工具性制度，其原初意义恰恰与‘专制’‘暴政’相对立”[3]。申言之，当面对着战争、叛乱或经济萧条等危及国家之存在的情形

---

① 〔意〕吉奥乔·阿甘本：《例外状态》，薛熙平译，西北大学出版社，2015，第 71 ~ 72 页。

② 译文引自《法兰西宪法典全译》，周威译，法律出版社，2016，第 336 页。

③ 孟涛：《中国非常法律研究》，清华大学出版社，2012，第 211 页。

时，“政府因此有正当理由诉诸专政性的制度和权力”[①]。与个人对权力的垄断不同，这一专政权力的行使完全是宪法性的，并以“结束危机、恢复常态”为根本目的。[②] 在美国的宪制发展史上，林肯、威尔逊和罗斯福曾分别在内战、“一战”及“二战”时期行使过上述宪法性的专政权力。[③] 在“二战”期间，以丘吉尔为首的英国政府更是“拥有足以应对任何强度危机的专断权力……枢密院除了借钱、征税和购买土地以外，可以为所欲为”[④]。近年来，此种以紧急状态为中心的安全机制已逐步被纳入法治化的轨道，对紧急状态的宣告、不同类型应对措施的适用条件、政府及有关机构在紧急状态下的职责和义务等方面的内容进行了规定。[⑤]

总而言之，通过上述方式，整个共同体实现了从日常状态向非常状态的显性转化。以此为条件，执政者才得以行使专政权力守护国家直到危机解除，也只有如此方能顺利地运用包含叛国、分裂等规定的法律机制。也就是说，以想象为前提的法律机制欲在维护国家安全一事上得到充分施展，必须以现实中的权力行使为契机。由此也可以看出，正是依赖于这种“日常—非常”“执政—专政”的显性转化，才令法律机制在维护国家安全的事项上得到最为直接、恰当的运用。更进一步而言，要完整地实现国家安全方面的立法，不仅要对相关罪名进行规定，还需要对专政权

① 〔美〕罗斯托：《宪法专政—现代民主国家中的危机政府》，孟涛译，华夏出版社，2015，第 19 页。

② 〔美〕罗斯托：《宪法专政—现代民主国家中的危机政府》，孟涛译，华夏出版社，2015，第 18 ~ 20 页。

③ 〔美〕罗斯托：《宪法专政—现代民主国家中的危机政府》，孟涛译，华夏出版社，2015，第 237 ~ 313 页。

④ 〔美〕罗斯托：《宪法专政—现代民主国家中的危机政府》，孟涛译，华夏出版社，2015，第 207 页。

⑤ 参见江必新《紧急状态与行政法治》，《法学研究》2004 年第 2 期，第 10 ~ 16 页。

的行使进行配套规定，否则可能导致定罪量刑的条款失去获得实效的可能。

2. 安全机制的现代模式

安全机制所应对的对象随着现代国家的发展呈现出明显的多样化趋势，安全机制的现代模式也由此而生。诚然，保障国家领土不受外来势力威胁是国家安全的必要内容，但也不能因此将维护国家安全的全部内涵单纯等同于此。对于安全机制而言，仅以保障领土不受外来势力威胁为目的的模式是一个历史阶段的产物，它并没有开创一个时代，而是标志着一个时代的巅峰。[①] 在此巅峰过后，就是安全机制从传统模式向现代模式的转化。这一转化也是国家在其治理能力和治理体系的现代化过程中必须要实现的。

之所以要从安全机制的传统模式向现代模式转化，很大程度上是因为危害国家安全之活动的形式发生了重大变化，以及由此带来的敌友界限逐渐模糊。换言之，较之传统模式而言，当安全威胁表现为在经济、政治和文化等层面制造社会混乱或动摇国家价值基础时，安全机制要应对的情况就发生了重要变化。此时，由于敌友界限的模糊，国家的守护者难以截然地判别出为了保卫国家所应对抗的对象，继而无法实现“日常—非常”的显性转化。造成此局面的原因在于以下两个方面。首先，当安全威胁以公民日常参与的经济、政治和文化活动为外观的时候，进行敌友区分就极易将人民内部矛盾错误地处理为敌我矛盾，从而导致共同体因内部分裂而消亡。其次，即便国家的守护者在此种情况下仍有权

---

① 〔法〕米歇尔·福柯：《安全、领土与人口》，钱翰、陈晓径译，上海人民出版社，2010，第 58 页。

以宣告或动员的方式做出敌友区分，也必然会考虑到此举将会招致正当性方面的批评，从而对其管治权威造成不可逆转的损害，故而十分慎重。所以，正如癌细胞因来自人体自身细胞的转变从而导致免疫系统识别细胞好坏的功能失灵一般，当安全威胁以共同体成员日常参与的经济、政治和文化活动为外观时，安全机制的传统模式也面临失灵的境地。对于此困境之形成而言，具有决定性意义的是“日常—非常”的隐性转化。在“日常—非常”的隐性转化中，某种事态实际上已经令共同体处于事实性的危险之中，但由于缺乏具有标志性的行为或程序而未得到恰当显现，整个法政体系仍按照名义的正常状态运行。正因为如此，守护国家的人或机构无法运用悬法或专政的方式来捍卫国家及其宪制，国家安全岌岌可危。

然而，上述情形也凸显出一个重要的认识：欲真正起到维护国家安全的作用，安全机制必须转为一种综合性的模式。申言之，在敌友界限模糊以及“日常—非常”隐性转化的情形里，针对战争和动乱发展出来的机制在实际上被架空。因此，真正全面的安全机制所应对的必然是多样化的对象，其范围不仅涵盖军事、外交，还涵盖政治、经济、社会、文化、国家制度甚至价值观等领域。尤其是在维护国家安全的工作重心日渐偏向于非传统安全的时代，安全领域已扩展到了社会生活的各个主要方面，对象的多样化已经成为一个显著特征。因此，在运行的方式方法上，安全机制必然以一种综合性的治理模式体现于政治制度和社会生活的各个主要方面。这一点，本质上是由安全对象的基本特点所决定的。福柯曾指出，现代国家的治理理性经过长时间的演化，发展出“外交—军事”部署和公安（police）[①] 两大套东西组成的安全机制。[②] 换言之，安全机制的基本思维和对象的多样化一同决定了维护安全是一种嵌入政府和社会日常运作当中的多层次治理活动。通过对信息的收集以及对社会动态的监控等环节，安全机制得以常态化地调整各类安全因素及权力关系来实现维护安全的目的。在此意义上，安全机制必然与政府的日常管治紧密联系在一起，覆盖政治、经济、社会、国家制度乃至价值观等领域，而不是单纯地作为特殊事件的应对方式出现。因此，也可以说安全机制的运行实际上就是政府统合其治理空间内各种力量的能力的集中体现。反过来说，维护安全所要求的是政府在其管治活动中的各个层次和领域都要管控安全风险、消除安全威胁，而不仅是进行事后补救、惩罚或矫正等。最近，欧洲反混合威胁中心在芬兰的成立即是最好的例子，也预示了维护国家安全工作的新方向。[③] 由此也应看出，在现代国家的治理当中，欲切实地维护国家安全，就要在安全机制的传统模式之上，进一步发展和建设安全机制的现代模式。这一点对于满足我国当下的安全需求而言，具有十分重要的意义。

二　国家安全是传统安全与非传统安全的统合

前文所述的安全内涵与安全机制并非理论家一厢情愿的见解，而

① 原书译者将“police”一词译为公共管理。实际上，译为“公安”更符合学术史脉络和现代的使用方式。

② 参见〔法〕米歇尔·福柯《安全、领土与人口》，钱翰、陈晓径译，上海人民出版社，2010，第 263 ~264 页。

③ 相关新闻报道可见，http：//www. euronews. com/2017/04/11/eu – nato – countries – kick – off – centre – to – counter – hybrid – threats。

是与现实当中的国家安全观念高度一致的。纵观过往十多年来的理论和实践，可以发现国家安全的内涵建立在充分把握国家安全观念在国际和国内层面的重大转变的基础之上。尤其是国家安全观念在世界范围内出现的从传统安全向非传统安全的重心转移以及我国总体安全观的提出，不仅呼应了前述的安全内涵，更一同揭示出维护国家安全的真正诉求。

对国家安全的认识离不开对国家的起源及其机理的理解，甚至可以说后者在很大程度上决定了前者。申言之，国家之诞生、主权之绝对及独立，都是为了实现和维护共同体全体成员在文明状态里得以安享的权利与自由。所以，国家必须要捍卫共同体的安全。对此，霍布斯曾在其影响深远的著作《利维坦》中如此论述：

> 如果要建立这样一种能抵御外来侵略和制止相互侵害的共同权力，以便保障大家能以自己的辛劳和土地的丰产为生并生活得很满意，那就只有一条道路：把大家所有的权力和力量托付给某一个人或一个能通过多数的意见把大家的意志化为一个意志的多人组成的集体。这就等于是说，指定一个人或一个由多人组成的集体来代表他们的人格，每一个人都承认授权于如此承当本身人格的人在有关公共和平或安全方面所采取的任何行为或命令他人做出的行为……像这样统一在一个人格之中的一群人就称为国家……这就是伟大的利维坦的诞生，——用更尊敬的方式来说，这就是活的上帝的诞生；我们在永生不朽的上帝之下所获得的和平和安全保障就是从它那里得来的。[①]

① 〔英〕霍布斯：《利维坦》，黎思复、黎廷弼译，商务印书馆，1985，第131～132页。

上述有关国家之诞生及其内在机理的经典论述不仅在理论上有着巨大而持久的影响，而且深刻地塑造了现代国家的形象与本质。国家与上帝这一观念联系在一起，表达了三层内涵：其一，是综合上帝、人、动物和机器的利维坦神话形象；其二，是经由法律上的契约建构、通过代表产生的主权身位；其三，以主权——代表法人为灵魂的、巨人般的机器。[①] 这不仅成为后世思考的范式，更由此延伸出国家的内在逻辑，就是国家必须成为现实的保护者，否则它什么都不是。[②] 可见，国家本来就是为了让人们能够更好地享有安稳的自由与权利而建立起来的，因而其根本任务就在于保护世俗的秩序、抵御来自内部和外部之战乱等威胁，令共同体成员得以免除生存状态被颠覆的忧虑和恐惧。因此，通过实现内部和平统一以及抵御外部力量的威胁，国家才获得了生命，主权才得以维系。所以，维护安全对于国家而言不是任何心理诉求或形式要求，而是一种理性的必然，是一种"应当"。为了更好地安享自由，国家在实现内部统一后，最主要防范的应是来自外部的安全威胁。因为，在世界范围内，国家不仅要维持自身的独立性，而且国与国之间也始终无法摆脱类似于自然状态的那种剑拔弩张的态势。为了使国家的意志不受外力之强迫，就必须防范来自国家外部的安全威胁。在该范式指引之下，现代国家建设在相当长的一段时间里无不将军事领域的安全作为国家安全体系建设的重点。军事安全也因此被视为传统安全中的最主要内容。

在我国的国家安全观念里，国家安全长期等同于传统安全，并

---

① 参见〔德〕卡尔·施米特：《霍布斯国家学说中的利维坦》，应星、朱雁冰译，华东师范大学出版社，2008，第 68 页。

② 参见〔德〕卡尔·施米特：《霍布斯国家学说中的利维坦》，应星、朱雁冰译，华东师范大学出版社，2008，第 71～75 页。

一直持续到1982年。新中国成立以后，我国领导人基于对世界局势的研判，认为国家安全的最主要威胁就是国家之间的战争，甚至认为国家之间的大型战争不可避免而且在不久的将来就会发生。在这一历史时期的国家安全观即为所称的传统安全观，其基本特征是“把消除外部军事威胁作为安全的首要目标，把强化自身军事实力作为保障国家安全的第一位的也是最后一位的手段”[①]。到了20世纪70年代末80年代初，我国的国家安全观念开始发生转变，并以1982年作为分水岭。随着1982年《宪法》修订，将以和平发展为主旨的外交方针及相关原则写入《宪法》序言，使得逐步走出冷战思维的国家安全意识融入国家的根本大法之中。以此为起点，我国的国家安全观念开始出现转向，对安全主体、安全威胁来源、安全内涵和维护安全的手段等理论问题做出了新的回答。[②] 将和平与发展及相关原则写入《宪法》，既是一种国家立场的宣示，也是对世界形势的客观判断，更是事物发展规律的体现。正是从这个时间段开始，我国的国家安全观念和工作重心已经开始从单纯注重传统安全逐渐转向传统安全与非传统安全相结合。所谓的非传统安全，即“一切免于由非军事武力所造成的生存性威胁的自由”[③]。相比较于传统安全，非传统安全在安全领域和安全主体两个方面都呈现了扩展的趋势，强调国家安全应是传统的军事领域与政治、经济、社会和信息等领域的综合安全，并且更关注国家安全与政治、经济和社会等因素的关联性和相互作用。[④] 非传统安全并不是对传

---

① 李小华：《中国安全观分析》，上海人民出版社，2008，第137页。

② 李小华：《中国安全观分析》，上海人民出版社，2008，第92页。

③ 余潇枫：《非传统安全概论》（第二版），北京大学出版社，2015，第45页。

④ 傅勇：《非传统安全及其相关概念辨析》，载上海社会科学院世界经济与政治研究院编《国家安全与非传统安全》，时事出版社，2008，第86~87页。

统安全的完全取代，而且非传统安全的问题在一定条件下也会转化为传统安全的问题。因此，二者的结合改变了我国对“安全”和“国家安全”之内涵的认识。申言之，国家安全在主权不被干涉或领土不被侵犯之上还增加了新的内涵，即国家整体的安全、社会稳定和公民个人等方面“保持良好的平衡、处于良性循环的状态”，而安全能力则转而体现为在非军事领域从事维护人的安全、社会稳定和防治国家危机等活动的能力。① 我国最新出台的《国家安全法》第八条明确指出，“国家安全工作应当统筹内部安全和外部安全、国土安全和国民安全、传统安全和非传统安全、自身安全和共同安全”。此国家安全观念的转向，始于邓小平时期并历经数十年的发展，最终在总体安全观中得到最凝练的表达，即“提出以人民安全为宗旨，以政治安全为根本，以经济安全为基础，以军事、文化、社会安全为保障，以促进国际安全为依托，维护各领域国家安全”②。

通过上述梳理可以发现，国家安全的重点已经从单纯注重军事领域安全的传统模式逐步转变到了兼顾政治、经济、文化和社会等领域的总体安全，而国家安全因此也就是传统安全与非传统安全的统合。这一统合，除了揭示出国家安全的总体性，更强调要从传统安全与非传统安全的内在联系出发思考如何维护国家安全，而不是采取一种片面的、单一的视角。传统安全与非传统安全之间并非相互孤立的关系，非传统安全的问题在一定条件下会转化为传统安全

① 余潇枫：《中国非传统安全能力建设：理论、范式与思路》，中国社会科学出版社，2013，第63页。

② 钟国安：《以习近平总书记总体国家安全观为指引 谱写国家安全新篇章》，原文载于《求是》2017年第8期，转引自光明网，http://theory.gmw.cn/2017-04/15/content_24210006.htm。

的问题。例如，一场经济大萧条或金融危机可能会成为外部敌对势力颠覆一国政权的突破口，一场社会动乱或许会演变成为外部敌对势力军事介入的契机。可见，将国家安全理解为传统安全与非传统安全的统合，是最符合当前国际安全形势与国家安全需求的科学认识。

三　《基本法》第二十三条立法应涵盖的安全范围

倘若在未来要重启香港特别行政区的国家安全立法工作，那么就要充分认识到第二十三条所旨在保护的国家安全究竟是怎样的安全。唯有在明确这一点之后，才能更好地结合当前的国家安全观念来制定出更科学的第二十三条立法方案。对此，本文的基本观点是认为第二十三条在起草时所对应的国家安全观念尽管并不与当前的国家安全观念完全相同，但二者之间具有内在统一性。因此，第二十三条立法的内容应兼顾对传统安全与非传统安全的保护，尤其是在特区政府的日常运作中维护国家的政治安全。

欲充分认识《基本法》第二十三条旨在保护的国家安全究竟是怎样的安全，就必须了解邓小平在主政期间对国家安全的认识。总结起来，在 1982 年《宪法》修订到 1990 年香港《基本法》制定完成的这段时间里，邓小平对国家安全的认识正处于从单纯关注传统安全逐步转为在强调传统安全的同时兼顾非传统安全的过程中。军事领域仍然是邓小平思考国家安全问题时的重点领域。1982 ~ 1990 年，邓小平数次谈到在香港驻军的问题，并一直强调派一小支军队到香港的目的不仅是象征国家对香港恢复行使主权，也是维护国家安全和香港自身的稳定。[①] 此外，更显著的一点是将国家安全的维护视为单纯与军队或军事有关的事情。早在 1984 年，邓小平在谈到“一国两制”的基本设想和基本方针时就强调，“北京除了派军队以外，不向香港特区政府派出干部……我们派出军队是为了维护国家的安全，而不是为了干预香港的内部事务”[②]。可以看出，在这当中他做出了一个明确的区分，即政府日常运作与特区军事布防，而国家安全是与后者相关的事务。这一区分体现出明显的传统安全思维的色彩。然而，这一传统安全的思维并没有一成不变。随着时间推移，邓小平也逐渐意识到了对国家安全的威胁可能会采取十分有别于传统的形式。在 1989 年 9 月会见李政道时，邓小平指出，“西方世界确实希望中国动乱……美国，还有其他一些西方国家，对社会主义国家搞和平演变……资本主义是想最终战胜社会主义，过去拿武器，用原子弹、氢弹，遭到世界人民的反对，现在搞和平演变”[③]。同年 11 月，邓小平在会见外宾时重申，“可能是一个冷战结束了，另外两个冷战又已经开始……西方国家正在打一场没有硝烟的第三次世界大战……就是要社会主义国家的和平演变”[④]。实际上，无论是和平演变还是“颜色革命”，都昭示了危害国家安全的主要威胁形式发生了重大转变。换言之，国家之间的敌对态势在本质上并没有改变，但在表现形式上却可能迥异于过往所采取的战争方式，并且将对抗转移到其他领域进行。不难看

---

① 参见中共中央文献研究室编《邓小平年谱（1975 - 1997）》，中央文献出版社，2004，第 970 页、第 984 页、第 1116 页。

② 《邓小平文选》（第三卷），人民出版社，2001，第 58 页。

③ 中共中央文献研究室编《邓小平年谱（1975 - 1997）》，中央文献出版社，2004，第 1289 页。

④ 中共中央文献研究室编《邓小平年谱（1975 - 1997）》，中央文献出版社，2004，第 1302 页。

出，邓小平在此时期已经认识到威胁国家安全的形式正在发生深刻的转变，从原先以直接的军事武装打击、攻城略地的形式转变为非军事的和平演变。也正是在此期间，香港《基本法》草案的相关条文内容也发生了显著的变化。在《基本法》草案的第三至第六稿中，关于国家安全的第二十二条所规定的都是“香港特别行政区应以法律禁止任何破坏国家统一和颠覆中央人民政府的行为”。然而，该条文在第七稿被调整为第二十三条并将内容改为“香港特别行政区应自行立法禁止任何叛国、分裂国家、煽动叛乱及窃取国家机密的行为”。当到了 1990 年 2 月的第八稿时，更是加入了“禁止外国的政治性组织或团体在香港特别行政区进行政治活动，禁止香港特别行政区的政治性组织或团体与外国的政治性组织或团体建立联系”的大篇幅内容。[①] 此部分内容的加入在本质上拓展了第二十三条所观照的安全领域，使之所顾及的安全突破了单纯的军事领域安全，日常政治的运作也被纳入了安全工作的范畴之中。自此，有关香港的国家安全立法的条文内容基本定形，最终呈现为我们现在所见到的第二十三条。

通过上述简要梳理就能发现，第二十三条的草拟过程所经历的变化与同时期的国家安全形势及安全观念的变化具有极为相似的轨迹。这一点也充分揭示出了第二十三条与国家的安全观念以及安全需求之间的内在统一性。1982～1990 年，国家的安全观念正经历着从传统安全观的单一维度朝着兼顾传统安全与非传统安全的二元维度转变的过程。可是，这一转型在当时远未完成而是处于初期阶

① 各稿的具体内容变化及当时的立法讨论，可参见李浩然《香港基本法起草过程概览》，三联书店（香港）有限公司，2012，第 192～196 页。

段，传统安全与非传统安全尚未被纳入一个总体的安全观之中进行体系化论述。尽管如此，在此历史阶段拟定的第二十三条，作为国家安全观念与安全需求的法律化表达，已经决定了它是内在兼容传统安全与非传统安全的；其既就传统安全事项提出了具体罪名的立法要求，也为传统安全事项以外的立法明确了主旨和方向。因此，结合上述两个维度对第二十三条进行理解最贴合立法时的背景，也最能帮助未来的立法工作实现第二十三条的立法目的。而总体安全观作为我国国家安全观念的最新发展和国家安全理论的思想结晶，也具有十分重要的指导意义。

四　关于第二十三条立法工作的基本建议

结合先前部分的理论探讨，本文欲在此处对重启后的第二十三条立法提出几条内容上的基本建议。这些建议的总目标，是为了让第二十三条的立法不仅能满足形式上的要求，更能切实维护国家在香港的主权安全利益，从而避免出现所立之法成为摆设的局面。为此，就需要结合安全机制的基本理念以及国家当前的安全观念和安全需求，重新调整第二十三条立法的基本内容及立法方式。

（一）立法内容应兼顾传统安全与非传统安全

第二十三条立法，在内容方面应兼顾传统安全与非传统安全两个领域，特别是政治安全的维护应成为重点。如前文所述，国家安全是传统安全与非传统安全的统合，而《基本法》制定时所处的历史时期也正是我国安全观念发展转型的历史时期。在此历史时期，我国的安全观念正逐步从单纯强调传统安全过渡到以传统安全为主兼顾非传统安全的新阶段，并且在《基本法》第二十三条内容里也有所体现。如今，总体安全观的提出是对我国过去这么多年来在维护国家安全方面所取得的经验及智慧的凝聚和升华，既体现新时代的安全需求，也包含对当下国家安全形势的判断。具体到第二十三条的立法内容上，就是在完成所列明的传统罪名的立法之外，注重政治安全方面的立法。尤其是香港的政治性组织或团体的跨区域人员和资金流动，最为需要细致、可行的立法。已有研究指出，香港政党资金的法律规制方面仍有许多亟须完善的地方，存在诸如收入的禁止和限制薄弱、日常政治资金规管空白及“软钱”管理不当等问题。[①] 此外，还可以考虑在特区行政长官和立法会议员选举期间，设立对候选人资金来源进行审查的机制。总之，随着我国对外交往和发展的程度不断加深，国家安全已经受到各种跨区域的因素影响，而香港作为一个高度开放的自由港则更需要以跨区域的视野来开展立法工作。对于香港的政治组织或团体而言，就是要通过立法加强对它们的跨区域人员和资金流动的监管。在制定具体规定时，应以尊重香港地区民主政治自身运作规则为前提，以防范外部势力干预或操纵为重心，以维护国家在相关区域的安全和发展利益为根本。

（二）对紧急权力进行规定

立法内容应包含对紧急权力（emergency power）及其行使条件

① 参见曹旭东《比较法视野中的香港政治资金规管：模式、制度及评估》，《法学评论》2017 年第 1 期，第 166 ~ 169 页。

的规定。如前文所述，安全机制的运作与紧急状态下的权力行使密不可分，二者之间是一种必要关系。因此，在第二十三条的立法内容中明确紧急权力并对其行使条件进行规定，是确保国家安全得到切实维护的关键。常有一种流行的错误观点认为，紧急权力的赋予会导致行政权的过度扩张，从而构成对公民自由的潜在威胁。然而，实际上的情况却并非如此。基于行政、立法与司法之间的相互作用关系，行政机关即便被赋予了紧急权力，其行使的范围和条件也仍然是得到合理控制的。以美国的《爱国者法案》（*Patriot Act*）为例，尽管该法案给予了执法部门更多搜查和监视的权力以及防控非法资金流动的手段，但这些内容的范围远比行政机关起初设想的要窄，而且还对一些内容针对性地设置了“日落条款”（Sunset Provision）。[①] 事实上，即便是在急需赋予行政机关紧急权力的情形中，被赋予权力也不会超出理性立法者的理想界限，反而常常会出现授权不足的情形。[②] 此外，紧急权力的行使不仅不局限于行政机关，而且日益成为现代法治社会运行的重要组成部分。英国、美国及其他以法治闻名的国家都对行政、立法和司法三权在紧急状态下的特殊行使有所规定，并且在实践中得到不断发展。[③]

结合世界各国的经验来看，现代国家安全治理的主要发展方向是探索如何在法律框架下有效地调动行政、立法与司法权力以平息导致紧急状态的事由，从而恢复日常秩序，并且越来越少通过宣告

---

① Adrian Vermeulet, “Emergency Lawmaking after 9/11 and 7/7”, *The University of Chicago Law Review*, pp. 1160 – 1161.

② Adrian Vermeulet, “Emergency Lawmaking after 9/11 and 7/7”, *The University of Chicago Law Review*, pp. 1190.

③ Claire Wright, “Going Beyond the Roman Dictator: A Comprehensive Approach to Emergency Rule, with Evidence from Latin America”, *Democratization*, Vol. 19, No. 4, 2012, pp. 718 – 720.

紧急状态的方式来实现。[①] 如何在政府各部门的日常运作中防范、消除安全威胁，已经成为现代国家维护自身安全的重大课题。2003年立法草案规定的部分罪名所涉及的诸如“战争”、“敌对国”和“公敌”等概念都无可避免地要与紧急状态联系在一起，甚至要以紧急状态为前提预设。然而，该草案既没有理清其与《基本法》第十八条之间的关系，也没有对特区政府的紧急权力及相关行使规则进行明确规定或与现有的法律衔接。而一旦明确以紧急状态为前提，那么草案的一些颇具争议的内容是否必要，就值得重新考虑。紧急状态之所以重要，在根本上是因为国家基于维护自身安全的现实必要性，有必要如此运用权力以消除威胁，恢复日常秩序。换言之，紧急状态是一种制度现象，此现象之下真正具有显要意义的是紧急权力。实际上，香港现有的一些法律对行政长官的紧急权力已经有所规定。例如，《公安条例》第三十六条规定，“行政长官如合理地相信，为维护国家安全或公共安全、公共秩序，或为保护公共卫生而有需要，可藉命令宣布任何地区或地方为禁区”，而出入禁区或在禁区内实施逮捕等行为都要得到相应的特殊条款授权。又如《紧急情况规例条例》第二条第三款规定，行政长官会同行政会议可基于公共利益订立条例规定“对刊物、文字、地图、图则、照片、通信及通信方法的检查、管制及压制”。类似的现有法律在内容上与国家安全息息相关，因而也需要与第二十三条立法进行体系化的衔接。如前文所述，现代国家在应对日益多样化的安全威胁时，越来越少地采取宣告紧急状态的方式，反而是让政府首脑以外

① Claire Wright, “Going Beyond the Roman Dictator: A Comprehensive Approach to Emergency Rule, with Evidence from Latin America”, *Democratization*, Vol. 19, No. 4, 2012, pp. 726 - 728.

的一些部门也能行使部分紧急权力。所以，对紧急权力及其行使条件的规定，应在第二十三条立法时给予充分考虑。

（三）统一立法与分散立法相结合

在完成第二十三条立法的方式上，应采取统一立法与分散立法灵活结合的方式。香港特区政府在2003年提出的立法草案，试图以一次性的统一立法来完成第二十三条的立法工作。但这一做法既不科学，也不利于通过第二十三条立法维护国家在香港的安全利益。《基本法》第二十三条既提出了统一立法的要求，也是个别立法的合宪性依据。申言之，对于第二十三条明确提出的需要立法加以规制的五种危害国家安全的行为，可通过统一立法予以完成。然而，对于危害非传统安全的行为则应通过个别立法来完成。因为笼统地采取一次性的统一立法固然能在形式上满足第二十三条立法的要求，但容易导致立法条文过于抽象，致使一些法律难题难以通过更为具体和技术化的规定予以化解，反而令立法讨论陷入政治争拗的泥潭。此外，统一立法也不利于制定出更符合各领域执法工作的特点和需求的法律，使得所立之法的实际效果大打折扣，无法充分、切实地维护国家安全。尤其是非传统安全领域，例如政治领域和经济领域，当中多数事项有其自身固有的运作规律和价值追求，因而对立法的科学性、细致性和可操作性提出了更高的要求，以便在国家安全和合法权利之间取得合理的平衡。因此，针对这些领域的安全立法，可由相关领域的执法或监管部门结合其工作经验和工作守则提出立法建议，由律政司审核和修改后形成正式的立法草案。此种立法方式追求以分散的方式针对特定领域或具体问题进行立法，以提高立法质量和法律实施的效果。总之，第二十三条的立法工作应考虑根据实际情况灵活结合统一立法和分散立法来完成。对于传统安全领域里争议不大或者已有旧律规定的罪名，可以首先通过统一立法的方式予以完成。对于非传统安全领域的安全维护，则更适合以具体部门的工作需求和执法经验为基础，通过分散立法的方式予以完成。

五　结语

维护国家安全是一项长期的系统工程，并不能简单地将其设想为通过一次性的立法就能完成的事业。因此，《基本法》第二十三条立法的工作既要满足形式要求，也要深入思考如何能全面、切实地维护国家在香港的安全利益。其中，不但需要充分考虑推行立法的现实条件和进路，更需要以规范为基础结合国家的安全观念和安全需求以决定立法的内容。为了实现这一点，就需要从理解安全的基本内涵和基本机制出发，深入分析法律规范的内在意义。本文正是以此为考虑，指出安全机制之内在逻辑的同时，亦阐明了紧急权力在其中的重要作用。唯有在明确紧急权力的前提下，规制危害国家安全行为的法律规定才能具备获得实效的契机，国家安全也才能得到切实维护。此外，第二十三条立法亦需兼顾传统安全和非传统安全。尤其是政治安全，应作为非传统安全领域的重点予以立法保障，并采取跨区域的视野探索建立监管政治组织或团体的人员及资金流动的法治渠道。而在立法方式上，则应根据传统安全和非传统安全各自领域的特点选择进行一般立法或个别立法，以分散立法的方式完成第二十三条的立法任务。本文尚有不足及值得商榷的地方，望学界同仁指正。

Reconsidering the Problem of Legislating Article 23 of Hong Kong Basic Law

Ye Yizhou

Abstract: The problem of legislating Article 23 of Hong Kong Basic Law has existed for a long time. Most researches on this problem are by and large pragmatic and aim at short-term results. However, in order to make Article 23 be able to serve its purpose and meet the needs of national security nowadays, a full understanding of the content of Article 23 is necessary. The mechanism of security of modern nation requires government not only to contain and eliminate threats to national security in all levels and realms, but also to include traditional and non-traditional security both in consideration. The idea of national security of China has also gradually moved from solely focusing on military security to overall understanding that covers politics, economy, culture and society. From the point of view of modernizing the capacity and system of national governance, this is also the direction of the legislation of Article 23. Hence, in order to protect the traditional and non-traditional security effectively, the legislation of Article 23 should adopt two different ways flexibly. One is to issue a comprehensive and unified code, the other is to issue several laws separately.

Keywords: Hong Kong Basic Law; Mechanism of Security; Overall National Security; Emergency Power

香港地区“非法披露受保护资料罪”的立法分析*

陈雪珍　李梦骐**

摘　要：“非法披露受保护资料”是香港《基本法》第23条规定的“窃取国家机密”行为的一种重要形式。香港地区现行《官方机密条例》在受保护资料的界定和规制对象的范围限制等方面都存在一定的缺陷。现有法律不足以回应香港特区成立后维护国家安全的需求，也不适应社会、科技发展的现实，应当增加“受保护资料”的类别，补正“违法取览”的法律漏洞，完善免责辩护的规定，推动国家安全立法进程。

关键词：非法披露　受保护资料　信息公开　言论自由

国家机密直接关系国家安全，严格地开展保密和反间谍工作并且完善相关法律是保障国家安全十分关键、必不可少的一环。对涉

* 本文是国家社科基金重大招标项目“‘占中’后香港特区国家安全立法问题研究”（项目编号：15ZD036）的阶段性研究成果。

** 陈雪珍，中山大学粤港澳发展研究院副研究员、法学博士；李梦骐，中山大学法学院硕士研究生。

及国家和政府机密的资料的保护是全世界各国共同的需要和追求，相关的法律规定也广泛存在于各国的法律体系之中。事实上，香港《基本法》第二十三条所述的部分罪行在香港地区现行法律中已有体现，其中关于禁止“窃取国家机密”行为的条文规定在《官方机密条例》（第 521 章）中，具体分为“间谍活动”和“非法披露”两种行为。2003 年香港《国家安全（立法条文）条例草案》中有关窃取国家机密的规定则是在《官方机密条例》的基础上加以完善的。

相关立法咨询文件发出后，在香港社会产生了巨大的反响。其中关于“窃取国家机密”部分的讨论集中在非法披露受保护资料罪的覆盖范围及其与政府信息公开、资讯自由的关系上，本文也将以此为重点进行探讨。由于原有法律着重保护特区政府机密而缺乏对国家层面的机密的保密规定，现实情况的变化导致部分条文已经无法满足保密工作的需要，因此有关“非法披露受保护资料”行为的法律亟待完善，从而保证国家机密能够得到妥善的保护。在此背景下，应当如何在立法中界定“受保护资料”的范围，哪些行为构成“非法披露”，犯罪主体是否仅限于“公务人员或政府承办商”，普通民众能否成为规制对象，公共利益能否成为“非法披露”的免责事由，对这些问题的讨论，将有利于我们完善香港有关法律制度，推进香港国家安全立法的落实。

一　“受保护资料”的范围：国家安全与公众知情权的平衡

（一）“受保护资料”的概念及其与“国家机密”的关系

在关于“非法披露受保护资料罪”的立法中，争议较大的是

“需要受保护的资料类别”与《基本法》第二十三条规定的“国家机密”之间的关系问题，有人认为前者包含后者，也有人认为两者之间存在交叉。由此产生了“窃取国家机密”行为与“非法披露”行为的对象是否一致的争执。

香港地区《官方机密条例》没有明确规定需要受保护的资料范围，但是我们可以分两种具体情况展开讨论。对于“间谍行为”而言，只要行为人获取资料行为的目的是损害国家或者香港特区的安全和利益或者对敌人提供帮助，即使在该情况下法律对被获取的资料类型没有明确的规制范围，也就是说行为人的目标资料属于广义的“官方机密”，相关罪行也成立；而对于“非法披露”，《官方机密条例》则详细地规定了针对此情况的四类受保护资料，分别为保安及情报资料、防务资料、有关国际关系或者从外国或国际机构获取的资料和披露后可能引发犯罪行为或者阻碍正在进行的调查犯罪的活动的资料。相对于“间谍活动”，为了保护社会公众的言论和资讯自由，“非法披露官方资料”的行为仅仅在披露行为的对象较为敏感或者具有一定程度的损害性的时候才被法律所规制或处罚。

上述四类受保护的资料类别中，除了第四类“披露后可能引发犯罪行为或者阻碍正在进行的调查犯罪的活动的资料”外，其他三类受保护资料全部属于广泛认可的国家机密的范畴，而尽管第四类资料可能包括与维护主权、领土完整等传统意义上的“国家机密”无关的资料，但该类型资料的保密工作对打击犯罪、维护国家利益和社会秩序以及保障司法实践具有十分重要的作用，因此，对该类型资料的保护应当予以保留。[①] 这一情况也说明“受保

① 参见《实施基本法第二十三条咨询文件》，第29页。

护资料”在传统意义上的“国家机密”之外还包含了一部分虽不属于传统官方机密范畴，但需要得到妥善保密以维持司法和行政的正常秩序的资料。

（二）是否应当增加“关于中央管理的香港事务的资料”

立法草案新增的一类受保护资料类型受到了社会舆论的重点关注，也是众多反对者争议和攻击的对象——涉及“中华人民共和国中央与香港特区之间的关系”的资料。新增该类型的原因显而易见：在香港回归后，上述类型的资料显然已经不再属于所谓的“国际关系”或者“外国秘密”的范畴，但是上述资料在香港特区政府的正常运转和“一国两制”的正确实施中有着非常重要的作用，必须得到妥善的保护。因此，草案在《官方机密条例》中新增了 16A 条，进行了较为详细的规定。在立法草案的条文中，上述资料被划定为“关于中央管理的香港事务的资料”，对咨询文件中所提到的“中华人民共和国中央与香港特区之间的关系”进行了范围上的收紧和定义上的明确化，但是仍有意见认为该条文用词过于笼统，应当按照《基本法》的相关条文规定进行完善、明确的列举或界定（香港大律师公会在建议书中非常详细地按条文列出了 22 项可被视为“中央管理的香港事务”的资料）①，从而避免司法中对该类型的资料进行扩大解释甚至利用该条文进行不合理的入罪处理的行为。还有意见认为此条规定将“与香港特区政府之间关系”的资料的界定的权限交给了中央政府，担忧中央会因此限制香港的新闻自由和公众的知情权，也与“一国两制、港人治

① 参见《香港大律师公会对〈国家安全（立法条文）条例草案〉的意见书》，第 16 页。

港"的制度精神相违背，不符合《基本法》第23条关于香港特区政府自行立法自行管理的安排。[①]

（三）国家机密与信息公开

人民有权"获得政府作为或者不正当作为的全部信息"，公共意见的传播与交流是"遏制政府腐败的最有利途径"[②]。值得注意的是，事实上包括英国、加拿大在内的许多制定了专门保密法的国家，在20世纪末以来也相继出台了《信息公开法》等一系列相关法律，形成了一套相对周密的保密法律体系，这种变化很大程度上受到了政府信息"公开为原则，保密为例外"思想普及的影响。

作为受到英国直接影响的地区，香港地区以《官方机密条例》作为专门的保密法为保密工作提供了法律依据，在《官方机密条例》颁布之后，香港又于1995年3月引入《公开资料守则》作为港英政府决策局及部门向公众提供资料事宜的正式的依据。此外，目前香港地区涉及保密工作的法律法规还有《公务员守则》《保安规例》《公务员事务规例》等。2003年《基本法》第23条立法发出的咨询文件明确提出："为了保证国家和人民的安全，及确保政府能够顺利运作，某些资料必须予以保密。"同时，咨询文件也明确表示"为了保障发表意见的自由和资讯自由，我们应当且只应保护真正需要保护的资料且对其保护的手段应当明确界定"[③]。事实上，在香港正式回归，中华人民共和国对香港恢复行使主权前不

---

① 参见《香港人权联委会就〈实施基本法第二十三条资讯文件〉的立场书》，第9页。

② Grosjean v. American Press Co.，297 U. S. 233（1936）.

③ 《实施基本法第二十三条咨询文件》，保安局，第ix页，第17段。

久，香港立法局就曾经对“《官方机密条例》是否足以履行《基本法》第二十三条的宪法责任”进行了讨论，而当时的结论是“目前的条例草案只需极少的修订即可由特区实行，所以可保持条例草案的延续性”[①]，也就是说当局认为后续国家安全立法关于国家机密和保密活动的立法工作应当是以在现行条例的基础上进行修改的方式进行。2003年立法咨询文件延续了这一观点，提出《官方机密条例》在“建立开放政府和保护国家安全的需要之间，做出了恰当和精确的平衡”，因此，应当在进行修改完善后以现行的条例形式予以保留。

“受保护资料”的范围变广，意味着政府信息公开的范围相对收窄。然而有趣的是，作为近现代保密法律鼻祖的英国，同时也是政府信息公开思想的滥觞之地。[②] 英国《官方机密法》制定于1911年，在制定后的很长时间内，这部法律的规定都相当的严厉，该法律也因为其要求对官方资讯不加区分地进行保密处理而缺少例外以及抗辩的理由（为公众利益等）从而受到了大量批评，甚至在司法实践当中难以得到执行。[③] 由于公众的关注和呼吁，英国政府于1989年对该法律进行了修订，重点缩小了国家秘密的范围，将受保障的官方资讯的范围缩减到了六类：①保安情报；②防务；③国际关系；④外国机密；⑤罪案处置和刑事检控；⑥其他特殊调查。目前，英国对“国家机密”的定义固定为四类：①涉及国家安全和情报的信息；②涉及国防的信息；③涉及国际关系和从外国或国际机构取得的保密信息；④披露后可能引起犯罪或干扰正在进行调

① 《香港立法局议事录》，立法局CB（3）1130/96－97号文件，1997年6月4日，第86页。

② 东辰：《官方秘密法和英国传统》（上），《保密工作》2011年第1期。

③ 梁伟贤、陈文敏主编《传播法新论》，商务印书馆，1995，第182～183页。

查的信息。该项规定实际上影响了香港地区《官方机密条例》对“受保护资料”的定义，实际上从相关法律的规定和演变可以看出英国官方在关于应当受到保护的官方资料的范围方面采取的态度是趋于较为全面的包含和保护，这类对官方机密进行严格保护的态度即使在十分重视言论自由的欧美法系国家也十分普遍甚至可以说是通行态度。[①]

二　犯罪主体：适用范围的扩张和言论自由的边界

（一）关于《官方机密条例》规制对象的讨论与争议

现行《官方机密条例》只禁止了因职责获取受保护资料的人也就是香港地区法律中作为《官方机密条例》主要规制对象的“公务人员或政府承办商”或者向这类人取得相关资料的人对该资料进行非法披露，但缺少对未经授权而取得、传播和处理这些资料的规制，这在很长时间以来被认为是一个法律上的漏洞。例如黑客非法获取受保护资料后可以进行损害性披露而不会受到来自《官方机密条例》对非法披露行为的制裁。2003 年立法咨询文件提出对这一漏洞进行修补。而立法草案对这一漏洞的填补体现在第 18 条（5a）当中，此条法律补充规定了在咨询文

① 英国、美国、法国等欧美法系国家均制订了周密的保密法体系，美国涉及保密的法律接近十部，另外还包含历届总统颁布的相关总统令；这些国家还相应地建立了严格的保密制度，由专门的机构或者人员对机密进行掌握管理，法国除设立总理府国防总秘书处对“国防机密”进行管理外还在许多部门设保密专员负责相关保密工作；保护范畴方面，以美国为代表的许多国家现行规定对国家机密的范围采用了反面规定的方式，即规定允许公开的名单，不在名单之列的即属应当受到保护的资料；上述国家也在实践中对泄露国家机密的行为进行了严厉的打击和处罚，例如爱德华·斯诺登案等。

件中受到广泛质疑的“未经授权取得”的具体情况和手段，即“黑客、盗窃、爆窃、抢劫、贿赂”等，草案对这一内容的补充和细化得到了一部分曾对“未经授权取得”定义不明表示不满的人的肯定。[①]

然而，仍有许多团体认为对此处修订和漏洞的弥补是不必要的，因为他们认为现有法例已经可以对这类行为进行惩罚，不必专门立法，只要在定罪后对受保护资料采取取回和禁止传播措施就可以达到良好效果，“现行的《官方机密条例》以及市民可循民事程序禁制违反诚信的行为的机制，已提供足够途径保护政府的数据”。[②] 有意见认为这项罪名的确立会导致新闻工作者对新闻来源负有更大的风险从而影响资讯自由，甚至政府会通过宣布该资料因指定行为丢失来掩盖对其不利的资料，惩罚新闻记者并强迫其公开资料来源。[③]

此外，有人批评上述“违法取览”的新增规定事实上将《官方机密条例》的规制对象延伸到了普通民众而不仅仅是应有的对象——公务人员和政府承办商，他们认为条例应该仅仅限制受雇于政府的人的非法披露行为，而普通民众可能在不知情的情况下取得了他人以非法手段获取的受保护资料并进行了披露，从而受到条例的追究。第 18 条（2）（d）将“前任的公务人员和政府承办商”纳入犯罪主体也引起了一些人的反对，他们认为这类行为如出版包括受保护资料的“回忆录”，涉及不一定知情的出版商等情况，不

① 参见《民主党对就〈基本法〉第二十三条立法的蓝纸草案的意见（101 号意见书）》，第 6 页。

② 《香港大律师公会对〈国家安全（立法条文）条例草案〉的意见书》，第 18 页。

③ 《就〈国家安全（立法条文）条例草案〉向立法会提交的意见书》，第 3 页。

宜用刑事法例加以规制，应当以民事诉讼方式禁止其回忆录的出版而非通过刑事法律处罚出版商进行解决才更加符合公众利益。[①] 此外，在咨询文件中建议补充明确将“特工和线人”包括“不收酬劳的特工和线人”，归入“政府承办商”的定义范围也遭到了极大的反对和争议，然而这一关于“特工和线人”的立法建议最终被放弃，没有在草案中体现出来。

（二）“违法取览”行为的禁止及犯罪主体的扩张趋势

针对上述意见，首先必须明确的是，非法披露通过非法手段获取的受保护资料会严重危害香港特区乃至国家的正常运转和稳定，并且随着时代的发展和科技的进步，越来越多非法披露行为的信息资料是通过信息网络如“黑客”等技术手段获取的，所以对“违法取览”行为的禁止、相关法律漏洞的填补和对上述类型的资料的妥善保护是非常必要的。当然，单纯由于英国 1989 年《官方机密法》存在这一漏洞而没有进行修补就否认进行完善的必要性是站不住脚的。首先，在香港回归之后，香港的政治和法律制度已经和英国没有必然联系，更不必按照英国的法律进行制定；其次，对该漏洞的忽视和一味要求政府按照民事诉讼程序进行处理的态度很可能导致官方机密严重泄露事件的发生和无法及时进行处理，对国家和特区的安全和利益造成巨大的威胁。例如加拿大在 1939 年《官方机密法》中就已经增加了部分关于“未经授权而披露信息”的新的犯罪形式，其中就包括以非法手段获取受保护资料的犯罪行为。

---

① 《香港大律师公会对〈国家安全（立法条文）条例草案〉的意见书》，第 19 页。

关于“非法披露受保护资料罪”的犯罪主体，世界各国传统立法往往规定为因为特殊身份而负有保密义务的人员。英国 1989 年《官方机密法》规定犯罪主体可以是现任公务员、前任公务员，也可以是政府雇员和非政府雇员，其实该法律最主要的立法目的是防止国家工作人员特别是三大情报机关——情报五处、情报六处和政府通信总部的人员向外透露任何有关“国家安全和情报”的信息，不论其透露的信息是真是假、是在职期间抑或退休之后，也不论是否造成了实质损害都可以对其进行责任追究。而其他类型的公务员则被要求不得做出“可能有损国家利益”的披露行为，同时该法律还要求新闻记者等“第二透露者”不得在已知或应知披露的信息属于保密信息的情况下进行披露，这显然表明英国《官方机密法》中的非法披露行为的犯罪主体远远不止国家工作人员，这也是保密工作的现实需要决定的。受到英国法律深刻影响的加拿大在其 1939 年自行修订的《官方机密法》中规定负有保密义务的人员包括现在或曾经的特殊部门或者代理机构的雇员以及根据该法所规定的告知制度而被单独认定的人员，其中第二类人员实际上就可能包含接触到国家秘密的非国家工作人员。而美国、法国等国家的法律偏重于禁止机密产生机构的人员做出泄密行为，对其他类型的人员泄露国家机密的行为司法机关的态度相对谨慎①，但是这不意味着这些国家不禁止其他人员的泄密行为，这些国家往往实行涉密审查制度，对接触国家秘密的人进

① 1971 年 6 月，《纽约时报》开始陆续披露来自越南战争官方机密中的一些绝密文件。当时战争正在进行，理查德 · 尼克松总统认为《纽约时报》的披露威胁了国家安全。法院签发禁令，要求《纽约时报》立即停止发表该系列文章。但两周后，最高法院便以 6 票对 3 票的判决结果确认《纽约时报》及其他报纸可继续登载五角大楼文件。参见五角大楼文件案：New York Times v. United States，403 U. S. 713 （1971）。

行严格控制，基本上只有因职务而必须了解国家机密的人经严格审查后才可能接触到相关资料，而其他类型的人员未经授权获知国家机密本身就已经违反了相关规则，可能会被追究相应的责任。

“自有国家这一概念以来，如何协调国家安全和自由人权是亘古不变的难题，尽管如此，直到今天，人们一直认为，对于国家安全来说个人自由必须处于第二位。”① 关于适用范围的扩张，尽管“违法取览”一定程度上扩大了可能受到规制的对象范围，但是由于资料获取手段的非法性质，在后续的环节中严格禁止该行为人或者其他获取资料的人进行披露可以有效地打击非法获取官方机密的行为并且阻止严重后果的发生，这与言论自由并不冲突。因为“公民在行使言论自由时，不得损害国家利益”②。当然此处可以考虑引入“善意”而免责的事由，防止第三人在不知情的情况下无恶意地做出披露行为而受到刑事法律的惩罚。而将“前任的公务人员和政府承办商”加入犯罪主体的范畴实际上也是非常必要的，在国际范围内许多曾经受雇或者服务于政府的人在其离职之后对官方机密的披露对该国政府造成了巨大的危害，作为曾经受托掌握这些机密的人，他们应当继续承担保密的义务而不是随着离职仅仅在泄密时承担民事的追究责任。事实上，英国的《官方机密法》本身就有将从情报部门和公务员等“最初透露者”处获取资料的人纳入犯罪主体的规定，也就是所谓的包含记者在内的“第二透露者”。同样作为普通法系的代表国家之一的美国也选择在“棱镜门”事件发生后对美国中央情报局前雇员斯诺登进行了

① 丹宁：《法律的界碑》，刘庸安、张弘译，法律出版社，1999，第 274 页。

② 温辉：《言论自由：概念及边界》，《比较法研究》2005 年第 3 期。

跨国的追捕和审判，这显然不是反对者们所说的“民事诉讼”的手段。

三 “非法披露官方机密罪”免责事由的设定

最后，也是2003年香港《基本法》第23条立法过程中民众呼声最高的诉求：在草案中根据《约翰内斯堡原则》加入相关的免责条款。要求加入的免责事由主要包括：①公共利益免责，即《约翰内斯堡原则》第十五、十六条中的“让公众知情的利益大于该次披露所造成的损害”；②事前已经出版，即被披露的资料在该项披露前已经向公众提供，公众可以自行取得的不触犯相关罪行。

关于设定第一项免责的要求，政府首先回应称对所谓的“公众利益”下一个适当且周严的定义非常困难，加之涉及国家安全问题使得相关免责问题更加敏感。但批评者认为国际上已经有了类似免责条款的出台，并且政府颁行的《2000年咨询自由法令》对公众利益的概念及定义已经有所涉及，政府提出的困难并不成立。然而事实上，包括英国在内的普通法系国家基本没有设立这两种抗辩事由，英国甚至曾经出现过相反的判例，即认定一名前情报人员未经授权的披露行为并不能因为类似的事由而免责。法院认为现有法律已经对行为人行使监督的权利赋予了足够的保障，因泄密行为而被定罪时，没有加入公众利益作为抗辩救济并不违反人权。[①] 英国政府拟备法令时，曾考虑应否加入公众利益作为抗辩理由，但最

---

① R v. Shayler，[2002] UKHL 11，[2003] 1 A. C. 247，转引自《法律政策专员区义国致辞全文》，http://www.doj.gov.hk/chi/archive/pdf/art051202c.pdf，最后访问时间：2017年11月7日。

后基于两个原因否决了这个做法。第一，改革法例的主要目的是务求法律条文及其应用尽量清晰，容许以公众利益作为一般免责辩护，便无法达到此清晰的目标。第二，法令的原意是披露明显违反公众利益，才使用刑事惩处。我们认为，任何人均不得纯粹以公众目的作为一般理由而披露他所知道的可能会导致人命伤亡的资料。[①]

但是为了立法进程的顺利进行和缓和公众的抵触情绪，香港特区政府在2003年7月5日发布的第五稿草案中，新增了第18（5b）条文，该条文规定了对官员不合法行为以及出于公共秩序、安全、健康的考虑在必要范围内对受保护的资料进行披露不触犯相关的罪行，这其实是一种大胆的创新，因为无论是在大陆法系还是普通法系这一免责事由都是极其少见的，当然民众激进的反应和强烈的诉求也是促成这一免责事由进入草案的原因。

关于第二项免责的诉求，主要的原因是许多人认为法律处罚披露公众已经可以自由取得的资料的行为非常荒谬，也不符合公众利益和法律的精神。然而在一项资料已经公开出版或者公众已经可以自由取得的情况下，还需要具体分析二次传播是否会造成更加严重的后果，比如泄密范围的扩大和损害程度的进一步加深等，如果司法机关结合具体情况进行分析后认为应当阻止二次传播进一步加大损害，则此时相应的免责条款显然就成为某些恶意损害国家安全的行为人的“挡箭牌”，所以无论是不在条例中专门加入相应的免责事由，还是仔细分析可能出现的情况并且分情况进行免责事由的制

① 参见香港特别行政区政府《实施基本法第二十三条的建议大致与〈约翰内斯堡原则〉相符》，http：//www. basiclaw23. gov. hk/chinese/focus/focus1. htm，最后访问日期：2017年1月10日。

定，其最终判断权实际上都由法官行使。

除了上述的意见之外，还有许多条文收到了来自不同人士的意见和建议，如对非法披露行为加入六个月的检控时限等，然而在第五稿草案发布不久，政府便迫于压力撤回了相关立法草案并宣布延迟第二十三条立法，尽管如此，在上次立法过程当中获得的意见和建议仍然值得认真思考和研究，并对第二十三条立法进程的进一步推动提供了宝贵的经验和有利的条件。

四　关于“非法披露受保护资料罪”的立法建议

（一）关于《基本法》第 23 条中“窃取国家机密”的相关宏观立法建议

1. 坚定推进国家安全立法进程，充分履行《基本法》第 23 条设定的宪法责任

在《基本法》第 23 条立法工作中要解决的第一个问题是：社会许多人士和团体提出当前不是立法时机应当延迟立法或者第 23 条立法没有必要，现行法律已经可以保证国家安全、保密工作顺利进行的反对意见，国家安全立法的进程不应当因此延迟或者停滞。首先，国家安全是中华人民共和国和香港特别行政区最重要的根本利益之一，为保证这一利益而进行系统的专门立法是国际上的通行做法，也是时代和现实提出的迫切要求，尽管香港现行法律对相关内容已经有所涉及和规定，但整体、系统性的立法对政府的正常运作、经济文化的持续繁荣、社会的稳定发展起着至关重要的作用，更与每个人的切身利益息息相关，可以说国

家安全立法是“人心所向、大势所趋”，立法举措势在必行。其次，“进行国家安全立法是‘一国两制’精神的体现，也是香港特区不可推卸的责任”①。香港特区进行国家安全立法并不是一项可以选择行使的权力，而是一项必须遵守并且需要积极、充分履行的义务，对履行义务的无限期延迟无异于对义务的违反。所以对义务的履行不应因为一些客观因素比如反对的声音而停下，只有坚定地推进立法进程才能够更好地保障国家安全和人民的利益。

2. 充分考虑内地与香港的法律和文化差异

“香港特别行政区是以普通法为基础，包括香港原有法律、香港特别行政区立法机关制定的法律和少量在香港特别行政区实施的全国性法律的香港特别行政区法律体系”②。香港特别行政区和内地实施的法律制度不同，意味着两者在“窃取国家机密”方面的规定必然存在差异，这种差异一方面体现在立法技术上，香港地区的相关法律采用普通法的演绎方法，即进行穷尽地列举，而内地法律采用大陆法系传统的归纳法，为法律的解释和适用提供了空间。另一方面香港和内地的文化环境长期存在巨大差异，香港对于国家机密的认知和感受较弱，保密意识也远不及内地强，对完全的言论自由的追求也更加强烈。这就决定了不能一味要求香港制定出类似内地的严格的保密法，而应当像《基本法》第 23 条中规定的那样由特区政府根据香港的现实和发展自行立法。当然，在对泄露国家机密、间谍等行为的严厉打击态度上，香港和

---

① 郭天武、孙末非：《论香港特区维护国家安全的义务》，《当代港澳研究》2012 年第 3 辑。

② 许崇德主编《港澳基本法教程》，中国人民大学出版社，1994，第 253 页。

内地不谋而合，这也意味着双方可以尽量在“求同”的基础上相互尊重和保留不同。

3. 配合香港法律的普通法背景，法律条文尽量详尽周严

如上文所述，对于《官方机密条例》部分修订的主要争议点集中在条文定义不清、范围不明方面，为了配合香港的普通法背景，在制定相关法律和草案时应当尽量进行严谨地列举和说明，这样一方面可以给司法实践提供明确的标准，防止权力的滥用；另一方面也可以消除港人对相关立法的担忧和不信任情绪，提升草案的接受度和理解度。当然，由于国家安全的重要性和特殊性，对在紧急状态等情况下留有一定的自由裁量空间是必要的，严格地完全列举会在一定程度上导致法律的僵化和与现实的脱节，从而与立法的动机和目的相违背。

另外，由于《官方机密条例》实体与程序相结合的特点，对相关的调查程序和搜查令、警察权限等技术性问题的完善和补充也会起到重要的作用。

4. 充分做好宣传、咨询和调查研究工作，在维护国家安全与维持香港言论和资讯自由中找到适当的平衡点

如前文所述，香港的公众和社会极其注重言论自由和新闻工作者的合法权益保护，那么政府能否在自由与法治之间找到平衡点就关系立法工作的顺利与否。首先，必须看到的是许多人提出关于“窃取官方机密”的法律制定应当遵循《约翰内斯堡原则》，但是该原则实际上并非国际条约，并不具有普遍的约束力，作为一项由学者提出的衡量标准它具有一定的参考价值，然而事实上世界上许多国家（无论是作为普通法系的代表的美国，还是作为《官方机密条例》的蓝本来源的英国）都没有完全采纳该原则的要求，甚至完全在司法实践中否定了该原则的要求和做法。另外，《基本法》第三章已详尽规定了居民的基本权利和义务，第 39 条也明确规定了两个国际人权公约和国际劳工公约适用于香港的有关规定继续有效，强行要求适用《约翰内斯堡原则》实际上是试图对以上规定进行修改，在已有明确规定的情况下要求适用没有缔结的原则显然是于法无据的。

笔者认为，要对严重危害国家安全和公众利益的“窃取国家机密”行为进行严格的规制，这一态度在许多国家都得到了体现，英国、澳大利亚、新加坡等国家对于这类犯罪的规定极其严格，然而这些国家也同时被认为是自由民主的国度，这也证明了严格地保障国家安全和开展保密工作并不是维护民主自由的对立面。另外，在充分保证国家和公众利益的情况下应当避免将不应当或者不适宜用刑事法律进行规制的行为纳入犯罪的范畴，并且要通过详细、多层次、广覆盖的宣传充分传达立法的意图以便公众能够完全理解并理智地表达自己的意见。还应在咨询工作中充分考虑公众诉求，并根据诉求的内容合理加入免责条款，让民众安心、最大限度地消除不必要的抵触情绪，从而在立法效果和言论资讯自由中达到平衡。

5. 更新过时表述，尽量使香港与内地的法律紧密衔接

不难注意到，《官方机密条例》中仍有许多已经过时的表述，如“香港的总督”“女皇陛下”“联合王国”等，这类表述应当逐步予以修正和消除。另外在司法权问题上，香港地区的各级法院都有权在审理案件时对法律进行解释甚至创制，在官方机密相关案件中的适用和解释可能会成为正式法律渊源，所以对香港司法权的规制可能对香港的国家安全和机密保障、司法和各方面的发展产生更好的效果。

（二）具体立法建议

首先，建议维持 2003 年草案中关于“需要受保护的资料类别”中新增的“关于中央管理的香港事务的资料”的类型，并且参考意见书的建议在条文中列举该类型可能涉及的资料，但仍保留中央对该类型资料的解释权。因为中央对香港拥有完全的主权和重大事项决策权，当该事项涉及国家安全重大利益时，中央人民政府应当有权力进行干预。

其次，对于“违法取览”的法律漏洞应当在立法中予以补正，保留对“黑客、盗窃、爆窃、抢劫、贿赂”等手段的规定，并且在“违法取览”涉及不知情第三人进行披露的情况下，考虑设定第三人的免责情形而向非法获取受保护资料的行为人进行追责。

维持将“前任的公务人员和政府承办商”加入犯罪主体的条文并相应地考虑在部分情形中加入不知情第三人的免责条款。

最后，关于免责事由的设定，笔者认为“已经事先出版”应当加上“且没有加剧非法披露带来的后果”或者类似表述，以防止二次披露造成更加严重的后果。而关于设定“公众利益”的免责，政府应当持审慎态度，因为作为法律蓝本的英国的相关法律实际上也没有设定相关的免责条款，甚至类似条款在全世界范围内也罕有出现，面对民众的强烈诉求可以考虑在 2003 年立法草案的基础上进行修改，设定以司法机关经过“调查认定”该披露行为事实上“利大于弊”并且没有超过合理限度为前提的“公众利益”免责并且给出一定的判断标准和情形以达到立法效果和民意之间的合理平衡。

Legislation on Unlawful Disclosure of Protected Article in Hong Kong

Chen Xuezhen　Li Mengqi

Abstract: The unlawful disclosure of protected information article is a typical form of theft of state secrets regulated by article 23 of the Basic Law. There are some defects of the definition of the categories of information that require protection and to whom the different provisions of the ordinance should apply in the current Official Secrets Ordinance. The present law can't meet the need of safeguarding the security of the State and it fails to keep up with the pace of development of society and technology. So there is an urgent need for promoting the legislative process including expanding the range of protected article, adding the regulation of unauthorized disclosure of protected information and enacting rules of liability exception.

Keywords: Unlawful Disclosure; Protected Information; Information Disclosure; Freedom of Expression

经济专题

香港世界旅游休闲中心竞争力综合评价与提升路径

陈章喜　毛　玥*

摘　要： 在全球经济进入21世纪发展的历史进程中，旅游休闲产业已成为当今时代促进世界经济快速发展的重要动力。香港是世界旅游休闲中心的重要组成部分，对香港世界旅游休闲中心竞争力做出合理评价是促进香港经济发展，提升其国际地位的客观要求。本文从世界旅游休闲中心的一般特征出发，描述了香港世界旅游休闲中心发展现状，并依据发展特征构建评价体系，建立评价指标，采用层次分析法对香港世界旅游休闲中心竞争力进行客观评价，指出香港世界旅游休闲中心竞争力存在的问题，同时，提出了香港世界旅游休闲中心发展的路径与策略。

关键词： 世界旅游休闲中心　竞争力　香港

* 陈章喜，暨南大学特区港澳经济研究所教授；毛玥，暨南大学经济学院研究生。

一 引言

随着科学技术的进步、收入和闲暇时间的增多，越来越多的人将对物质生活的追求转为对精神享受的追求，也将越来越多的时间和收入花费在旅游、娱乐、运动等各种休闲项目上，人们越来越多地青睐于高品质的旅游休闲，而国际旅游休闲中心的出现和发展正是全球经济社会不断发展和人民生活水平不断提高的产物。根据美国国家休闲研究院主席杰弗瑞·戈比的预测，2015年前后主要发达国家相继进入“休闲时代”，发展中国家也将紧随其后。以文化、旅游、休闲、娱乐等为主要表现形式的产业将成为新时期带动全球经济发展的新生力量。国内有学者认为休闲与旅游的结合是实现产业资源配置的一种最佳形式，让旅游业的发展适应休闲时代的需求，是中国经济发展中的一个新的战略任务。

香港是世界旅游休闲中心的重要组成部分，香港早在回归祖国之前就已形成当地几大支柱产业，分别是金融服务业、旅游业、贸易及物流业、房地产业和专业及工商支援服务业。可见，旅游业在香港经济发展中具有关键作用。香港作为享誉海内外的“东方之珠”，凭借其自身独特的自然和人文风光、东西方交融的文化、完善的旅游服务体系、包容谦和的精神，每年都吸引着大量来自全球各地的旅客，并且享有“购物天堂”“美食天堂”等美誉，是国际上著名的旅游休闲胜地。香港回归20年来，旅游休闲产业不断发展，进入了一个新的成长阶段，不仅入境途径更加快捷便利，旅游休闲方式也更加综合多元，而且，香港旅游业的发展充满活力，新的发展机遇和契机不断涌现。

目前理论界对世界旅游休闲中心的研究尚显不足，研究较少且基本集中在澳门建设世界旅游休闲中心方面，代表性研究如下。张作文、王亮（2013）提出世界旅游休闲中心的衡量指标体系，分析了澳门世界旅游休闲中心的不足之处，并给出澳门的发展策略。陈章喜（2015）分别从理论与实证的角度，描述了世界旅游休闲中心的一般特征，描述了澳门作为世界旅游休闲中心的发展现状，采用层次分析法对澳门世界旅游休闲中心竞争力做出评价，并提出提升路径。杨英、王晶（2017）从小空间尺度出发，分析澳门建设世界旅游休闲中心存在的问题，指出当前澳门“一赌独大”和城市基础设施与周边资源利用不足，运用产业关联理论分析澳门产业多元发展现状，并提出建议。学术界对于香港世界旅游休闲中心的研究甚少，然而香港也是世界旅游休闲中心的重要组成部分，对于其竞争力的研究和评价不可或缺。因此，本文从香港自身的角度出发，对香港作为世界旅游休闲中心的竞争力做出客观评价。

二　香港世界旅游休闲中心发展的现状描述

（一）世界旅游休闲中心发展的一般特征

1. 市场规模大

世界旅游休闲中心均具有市场规模较大的特点，市场规模可以从旅客数量、旅游业总产值等方面看出。位于美国内华达州的拉斯维加斯，虽身处不毛之地，却以“赌城”之名每年都吸引着3890万旅客，旅客数量全美第一，博彩业是拉斯维加斯的经济支柱，每年180亿美元左右的博彩业收入充分带动着拉斯维加斯旅游业、购物、休闲娱乐业等的发展和壮大。意大利水城威尼斯每年接待旅客数量在1500万人次以上，2015年达到1700万人次，位居意大利城市旅客访问量榜首，旅游业带来的总收入可达将近130亿欧元。澳门每年入境旅客在3000万人次左右，2016年博彩业收入达1780亿澳门元。旅游休闲市场规模大是世界旅游休闲中心均具有的基本特征，具备较大的市场规模才是被国际所认可的表现。

2. 国际化程度高

国际化程度可以从国际知名度、国际旅客所占比例等看出，世界旅游休闲中心的国际化程度都较高。综观世界知名旅游休闲中心如拉斯维加斯、威尼斯、巴黎等胜地，均以自身独特的文化风格和旅游特色享有极高的国际知名度，故而能吸引众多国际旅客。拉斯维加斯每年海外旅客占比均超过20%；澳门每年接待中国内地以外的国际旅客占比超过30%；巴黎每年超过4500万人次的旅客中，有三成以上是海外旅客，2013年海外旅客比重甚至超过35%。与此同时，国际旅客带来的旅游收入也在旅游总收入中占有较高比例。世界旅游休闲中心的国际化程度高是其另一个特征。

3. 旅游休闲资源丰富

旅游休闲资源是吸引海内外旅客的关键因素。只有具备一定的休闲资源数量和质量才具备成为世界旅游休闲中心的资格。巴黎拥有埃菲尔铁塔、巴黎圣母院、凯旋门、卢浮宫等众多世界级历史文化遗产，同时，又是“世界时尚之都”的巴黎完美地将古典与现代融为一体；“因水而生、因水而美、因水而兴”的威尼斯以独特的水城文化成为全世界独一无二的游览胜地；拉斯维加斯和澳门因博彩业而闻名海外，拥有数量庞大、风格迥异的赌场和酒店。这些丰富的旅游休闲资源使得世界旅游休闲中心得以发展壮大，吸引了国际国内的大量旅客。

4. 旅游基础设施完善

旅游基础设施是旅游业发展的重要条件，世界旅游休闲中心的旅游基础设施都很完善。从最基本的交通、餐饮、住宿，到旅游景点、购物娱乐场所建设，世界旅游休闲中心均能把设施和服务做到位。迪拜拥有全世界最高的七星级酒店，全世界最奢华的酒店和赌场位于拉斯维加斯。与此同时，世界旅游休闲中心还具有相当数量的旅游咨询服务、旅客中心等基础设施，以及专业化、高质量的从事旅游服务的工作者。从“食、住、行、游、购、娱”六大旅游要素看，世界旅游休闲中心均较为完善。

（二）香港世界旅游休闲中心发展现状描述

1. 市场规模

①入境旅客数量。香港在 2005 年的入境旅客数量有 2335.9 万人次，2010 年达到 3603.0 万人次，2011 年为 4192.1 万人次，2012 年为 4861.5 万人次，2013 年为 5429.9 万人次，2014 年超过 6000 万，达到 6083.9 万人次，其中接待内地旅客 4724.8 万人次，占入境旅客总量的 77.66%。2015 年全年入境旅客人数为 5930.8 万人次，比 2014 年下降 2.5%。

②旅游休闲总收入。香港在 2007 年旅游休闲收入为 1014.83 亿港元，2011 年达到 2060.52 亿港元，2012 年为 2384.47 亿港元，

2013 年为 2764.82 亿港元，2014 年全年旅游休闲总收入超过 3000 亿港元，达 3007.92 亿港元，2015 年为 2715.23 亿港元，比 2014 年下降 9.73%。根据《香港统计年鉴》，2012 年，香港接待内地入境旅客 3491.1 万人次，来自内地的旅游收入为 1860.41 亿港元；2013 年，内地入境旅客达到 4074.5 万人次，来自内地的旅游收入为 2170.86 亿港元；2014 年内地入境旅客为 4724.8 万人次，来自内地的旅游收入为 2427.33 亿港元；2015 年内地入境旅客为 4584.2 万人次，比 2014 年下降 2.98%，来自内地的旅游收入为 2176.72 亿港元，比 2014 年下降 10.32%。

2. 国际化程度

（1）国际知名度。香港作为国际化大都市，是粤港澳旅游休闲大湾区的重要组成区域，是世界各国旅客进入中国内地的桥梁和窗口之一，也是世界重要的金融、会展、专业服务、航运和贸易中心，享有“东方之珠”“美食天堂”“购物天堂”等美誉，国际知名度高。

（2）国际入境旅客数量。根据《香港统计年鉴》，2012 年，入境香港的国际旅客达 1370.4 万人次，占入境旅客总量的 28.19%；2013 年，入境香港的国际旅客有 1355.4 万人次，占入境旅客总量的 24.96%；2014 年，入境香港的国际旅客有 1359.1 万人次，占入境旅客总量的 22.34%；2015 年，入境香港的国际旅客有 1346.6 万人次，占入境旅客总量的 22.71%。

（3）国际入境旅客消费。2012 年，香港的国际入境旅客的消费达 597.53 亿港元，占全部入境旅客总消费的 25.06%；2013 年，国际入境旅客消费 593.96 亿港元，占全部入境旅客总消费的 21.48%；2014 年，国际入境旅客消费 586.89 亿港元，占全部入境旅客总消费的 19.51%；2015 年，国际入境旅客消费 538.51 亿港元，占全部入境旅客总消费的19.83%。

3. 旅游休闲资源

香港有众多自然文化景观，2015年，香港太空馆、艺术馆等大型博物馆达15家。除此之外，香港的大屿山、尖沙咀、旺角、中环、旺仔等地也拥有一大批游览胜地，如宝莲禅寺、维多利亚港、星光大道、女人街、金紫荆广场等。

4. 旅游基础设施

（1）交通基础设施。2015年，香港岛、九龙、新界的公共道路总长度达2101公里，公共道路行车线长度达5963公里，公共道路交通线建设完善。除公共道路外，地下铁路、海底隧道、铁路等其他交通网络均较发达，车流量大。2015年，香港海底隧道车流量达4223.8万。在航运业方面，香港已与200个国家和地区的472个港口有航运往来。

（2）餐饮住宿设施。2012年，香港星级酒店有211家，其中甲级高价酒店34家，住宿服务机构929家，各种餐饮及酒楼有14532家，零售商店有53094家。2015年，星级酒店达到253家。

三　香港世界旅游休闲中心竞争力评价与比较

（一）评价指标选择

为了对世界旅游休闲中心的竞争力做出较准确的评价，需要选择合理有效的评价指标，构建相对完善的评价体系。根据本文的分析，由于世界旅游休闲中心均具有一般特征，即市场规模大、国际化程度高、旅游基础设施完善与旅游休闲资源丰富，因此从上述四大特征中选取评价指标较有针对性和全面性。本文选取的具体指标如下。

1. 市场规模

旅游休闲中心的市场规模是其竞争力的基础，市场规模能够在很大程度上反映出旅游休闲中心的发展情况和受欢迎程度。旅游休闲中心的市场规模可以从旅游业发展情况、客流量等方面看出，因此选取五个指标：旅游业生产总值、入境客流量、入境旅客境内消费开支、入境飞机数量与入境客轮数量。旅游业生产总值直接说明该城市旅游业发展状况，入境客流量则直接反映出市场规模，入境旅客境内消费开支则表现出该城市旅游业对经济的带动情况和发展潜力，入境飞机数量、入境客轮数量则间接反映旅游休闲市场规模大小。将上述五个指标分别记作C_1、C_2、C_3、C_4、C_5。

2. 国际化程度

国际化程度是判断一个地方是不是世界旅游休闲中心的重要依据。对于国际化程度的衡量，本文选取国际入境旅游人次和国际入境旅客境内消费开支两个指标，国际化程度的高低可以直接由国际入境旅游人次反映出。另外，国际入境旅客境内消费开支也可反映出该城市对国际旅客的吸引力。将上述两个指标分别记作C_6、C_7。

3. 旅游休闲资源

旅游休闲中心的旅游休闲资源是影响该城市对旅客吸引力的另一个重要因素，旅游休闲资源丰富的城市具有更强的竞争力。本文选取具有代表性的旅游休闲资源指标：图书馆数量、博物馆数量和文娱节目场次来衡量旅游休闲资源情况。这些旅游休闲资源可以提供给旅客使用，这些指标可以反映出该城市的旅游休闲资源情况。将上述三个指标分别记作C_8、C_9、C_{10}。

4. 旅游基础设施

旅游休闲中心的旅游基础设施是其竞争力的重要保障，完善的旅游基础设施可以有效为该城市的旅游业快速发展提供基础，吸引国内外旅客，提升城市旅游业竞争力。对于旅游基础设施的测评，本文选取以下三个指标：公共巴士数量、酒店数量和酒店客房数量。这些指标反映的是该城市的交通基础设施和饮食、居住基础设施情况。将上述三个指标分别记作C_{11}、C_{12}、C_{13}。

（二）数据选取与处理

1. 数据选取说明

本文数据全部来源于《香港统计年鉴》和《澳门统计年鉴》，为了便于分析时间变化，选取 2000～2015 年的数据。其中，香港 2015 年的旅游业生产总值暂无数据，为了保持数据统一，将上述数据采取 ARIMA 模型做时间序列预测，得出 2015 年的预测值。

另外，因文中涉及较多指标，各个指标计量单位不同，为方便量化测评，需要将数据进行线性无量纲化处理。本文所采用的方法是线性无量纲化方法中的归一化处理法，因无量纲化后数值较小，为方便观察分析，将所有结果均乘以 100，方法如下。

$$x_{ij}^{*} = \frac{100\, x_{ij}}{\sum_{i=1}^{n} x_{ij}}$$

其中，i 表示年份，j 表示指标，x_{ij}表示第 i 年的第 j 个原始数值，x_{ij}^{*} 表示归一化处理后的无量纲数值。文中采用 2000～2015 年 16 年的数值，因此 $n=16$。

2. 分析方法与数据处理

本文采取层次分析法（Analytic Hierarchy Process）对香港和澳

门世界旅游休闲中心竞争力做出评价。层次分析法步骤如下。

①将每一层的各个指标进行两两比较，构造比较矩阵：$\begin{bmatrix} a_{11} & \cdots & a_{1n} \\ \vdots & & \vdots \\ a_{n1} & \cdots & a_{nn} \end{bmatrix}$，其中，$a_{ij}$表示第 i 个指标比第 j 个指标对上一层的影响程度。影响程度表示方法与意义如表1所示。

表1　比较矩阵中a_{ij}的取值与意义

a_{ij}取值	1	3	5	7	9
意义	C_i与C_j影响相同	C_i比C_j影响稍强	C_i比C_j影响强	C_i比C_j影响明显强	C_i比C_j影响绝对强

除1、3、5、7、9之外，2、4、6、8表示介于左右两者之间。与此同时，1~9九个自然数的倒数则表示C_j与C_i相比的情况。

②求比较矩阵中的最大特征根和特征向量，并将特征向量单位化，得到一个列矩阵：$w=(w_1, w_2, \cdots, w_n)^T$，若比较矩阵是一致性矩阵，即$\lambda_{max}=n$，则便可将列矩阵作为指标权重。因此需进行下一步的一致性检验。

③一致性检验。首先，引入一致性指标：$CI=\frac{\lambda_{max}-n}{n-1}$，如果 CI 很小，则表明比较矩阵接近一致性矩阵，则可运用列矩阵作为指标权重。其次，引入随机一致性指标 RI，取值如表2所示。最后，求一致性比率：$CR=\frac{CI}{RI}$，倘若 $CR<0.1$，则比较矩阵特性可用一致性矩阵特性刻画。

表 2　随机一致性指标 *RI* 的取值

n 阶矩阵	1	2	3	4	5
RI	0	0	0.58	0.90	1.12

（三）分析结果

按照上述指标和步骤建立评价体系，构造比较矩阵，运用matlab 8.0 计算比较矩阵中的最大特征根和特征向量，并通过一致性检验，计算出权重结果，保留小数点后 4 位，计算结果如表 3 所示。

表 3　世界旅游休闲中心竞争力评价指标权重

目标层	准则层	权重	指标层	权重
世界旅游休闲中心竞争力	市场规模	0.4673	旅游业生产总值C_1	0.0782
			入境客流量C_2	0.2136
			入境旅客境内消费开支C_3	0.1156
			入境飞机数量C_4	0.0384
			入境客轮数量C_5	0.0215
	国际化程度	0.2772	国际入境旅游人次C_6	0.1848
			国际入境旅客境内消费开支C_7	0.0924
	旅游休闲资源	0.1601	图书馆数量C_8	0.0111
			博物馆数量C_9	0.0932
			文娱节目场次C_{10}	0.0558
	旅游基础设施	0.0954	公共巴士数量C_{11}	0.0191
			酒店数量C_{12}	0.0382
			酒店客房数量C_{13}	0.0382

根据上述指标权重，计算香港与澳门世界旅游休闲中心竞争力指数，保留小数点后三位，计算结果如表 4 所示。

表 4 2000 ~ 2015 年香港、澳门世界旅游休闲中心竞争力指数比较

年份	香港					澳门				
	市场规模	国际化程度	旅游休闲资源	旅游基础设施	竞争力	市场规模	国际化程度	旅游休闲资源	旅游基础设施	竞争力
2000	1. 261	0. 763	0. 897	0. 423	3. 344	1. 201	0. 824	0. 645	0. 379	3. 049
2001	1. 268	0. 843	0. 924	0. 434	3. 469	1. 301	0. 875	0. 681	0. 374	3. 231
2002	1. 511	0. 947	0. 926	0. 446	3. 830	1. 431	0. 949	0. 751	0. 364	3. 495
2003	1. 331	1. 122	0. 910	0. 439	3. 802	1. 492	0. 910	0. 721	0. 376	3. 498
2004	1. 816	1. 474	0. 931	0. 450	4. 672	2. 078	1. 144	0. 772	0. 388	4. 382
2005	2. 015	1. 614	0. 937	0. 497	5. 063	2. 270	1. 304	0. 843	0. 443	4. 860
2006	2. 207	1. 709	0. 991	0. 523	5. 431	2. 728	1. 323	0. 885	0. 501	5. 437
2007	2. 497	1. 813	1. 038	0. 567	5. 915	3. 335	1. 689	0. 905	0. 553	6. 482
2008	2. 570	2. 017	1. 024	0. 593	6. 204	3. 022	1. 829	0. 947	0. 589	6. 387
2009	2. 605	2. 076	1. 046	0. 642	6. 369	2. 773	1. 771	0. 932	0. 629	6. 105
2010	3. 369	2. 126	1. 060	0. 658	7. 212	3. 179	2. 010	1. 004	0. 643	6. 836
2011	3. 990	2. 200	1. 067	0. 692	7. 949	3. 712	2. 238	1. 005	0. 754	7. 709
2012	4. 504	2. 228	1. 040	0. 744	8. 515	3. 954	2. 493	1. 391	0. 828	8. 666
2013	5. 030	2. 246	1. 063	0. 778	9. 118	4. 341	2. 642	1. 469	0. 860	9. 312
2014	5. 471	2. 248	1. 070	0. 820	9. 608	5. 371	2. 806	1. 555	0. 882	10. 613
2015	5. 284	2. 291	1. 084	0. 839	9. 498	4. 543	2. 910	1. 505	0. 982	9. 939

由表 4 可以看出，2000 ~ 2015 年，香港世界旅游休闲中心竞争力指数从 2000 年的 3. 344 增长到 2015 年的 9. 498，呈现上升态势，除了 2003 年较 2002 年略有微降，2015 年比 2014 年下降外，其余年份都在稳定上升。与澳门相比，澳门世界旅游休闲中心竞争力指数从 2000 年的 3. 049 增长到 2015 年的 9. 939，呈现波动上升态势，2008 年、2009 年和 2015 年都较上一年有所下降。综合来看，香港的综合竞争力指数值更加稳定，而澳门世界旅游休闲中心竞争力指数波动和上升幅度比香港更大，这可能是由于澳门的竞争力更易受全球经济环境的影响和冲击，如 2003 年的亚洲金融危机、2007 年的全球金融危机等。2006 年，香港世界旅游休闲中心竞争

力首次低于澳门，至 2009 年又超过澳门，至 2012 年再次低于澳门，并至 2015 年一直低于澳门，这说明澳门旅游休闲中心竞争力增长较为迅速，虽然起步晚于香港，但发展更为迅捷。而香港的旅游休闲中心发展得较为稳健，2012 ~ 2015 年，竞争力增长率较澳门低，这说明香港世界旅游休闲中心发展较为成熟。从四大指标来看，2011 年之后，香港世界旅游休闲中心的国际化程度、旅游休闲资源和旅游基础设施都出现增长缓慢，趋于停滞甚至下降的情况，而澳门相应指标还在稳步增长，说明香港世界旅游休闲中心的国际化程度和现存旅游资源趋于饱和。

四　香港世界旅游休闲中心竞争力存在的问题

（一）市场规模下降

2010 ~ 2015 年香港的入境旅客人数、旅游收入、过夜旅客人均消费和它们各自的年增长率如表 5 所示。

表 5　2010 ~ 2015 年香港入境旅客人数、旅游收入、过夜旅客人均消费及其增长率

年份	入境旅客人数（万人）	增长率（%）	旅游收入（亿港元）	增长率（%）	过夜旅客人均消费（港元）	增长率（%）
2010	3603. 0	21. 76	1644. 92	36. 67	6728	16. 60
2011	4192. 1	16. 35	2060. 52	25. 27	7470	11. 02
2012	4861. 5	15. 97	2384. 47	15. 72	7818	4. 66
2013	5429. 9	11. 69	2764. 82	15. 95	8123	3. 90
2014	6083. 9	12. 04	3007. 92	8. 79	7960	-2. 01
2015	5930. 8	-2. 52	2715. 23	-9. 73	7234	-9. 12

资料来源：《香港统计年鉴》。

由表 5 可以明显看出，2010～2014 年，香港入境旅客人数和旅游收入虽还在逐年上涨，但从年增长率看，入境旅客人数的增长率除 2014 年略有提高，旅游收入增长率除 2013 年略有提高外，其余年份的增长率均在下降，2015 年这两项内容甚至都出现了负增长。2010～2015 年 6 年中，2010 年香港旅游业发展如火如荼，入境旅客增长率为 21.76%，旅游收入增长率为 36.67%，之后增长率连续下滑，到 2015 年，入境旅客人数比上年减少 2.52%，旅游收入比上年减少 9.73%。可见在 2010 年之前，香港旅游业处于上升期，之后便增长放缓。2010～2015 年，香港过夜旅客人均消费增长率也逐年降低，2014 年和 2015 年均出现了负增长，说明在旅客人数下降的同时，还出现了旅客消费不足的情况。

（二）国际化程度下降

2000～2015 年香港的国际入境旅客人数及其占比如表 6 所示。

表 6　2000～2015 年香港国际入境旅客人次与占比

单位：万人次，%

年份	国际入境旅客	占比	年份	国际入境旅客	占比
2000	927.4	71.01	2008	1264.4	42.85
2001	927.7	67.59	2009	1163.4	39.32
2002	974.1	58.80	2010	1334.6	37.04
2003	707.0	45.50	2011	1382.1	32.97
2004	956.5	43.85	2012	1370.4	28.19
2005	1081.8	46.31	2013	1355.4	24.96
2006	1166.0	46.18	2014	1359.1	22.34
2007	1268.4	45.03	2015	1346.6	22.71

资料来源：《香港统计年鉴》。

由表 6 可以看出，2000～2015 年，香港的国际入境旅客人数占比呈降低趋势，从 2000 年的 71.01% 下降到 2015 年的 22.71%，相反，中国内地入境香港的旅客比重在逐年增加。2011 年以来，国际入境旅客人数甚至还在降低，2011 年为 1382.1 万人次，到 2015 年下降到 1346.6 万人次，下降了 2.57%。2012 ~ 2015 年，国际入境旅客的消费量也在逐年降低，2012 年为 597.53 亿港元，2013 年为 593.36 亿港元，2014 年为 586.89 亿港元，2015 年只有 538.51 亿港元，4 年中增长率分别为 1.44%、-0.70%、-1.09%、-8.24%。2015 年，无论是国际旅客人数及其占比情况，还是国际入境旅客消费，都出现了明显的下降。这说明香港的国际化程度在降低，尤其在 2015 年下降明显。综合表 4 来看，2011 年以前，香港世界旅游休闲中心的国际化程度指数高于澳门，2011 年被澳门反超之后，便一直低于澳门，2011 年香港和澳门的国际化程度相差无几，指数分别为 2.20 和 2.24，到 2015 年香港是 2.29，还不足 2.3，然而澳门已经达到 2.91，可见，香港世界旅游休闲中心的国际化止步不前，在香港周边的澳门等其他世界旅游休闲中心的国际化程度不断提高的情况下，香港在相对下降。

（三）旅游休闲资源趋于饱和

从表 4 可以看出，在旅游休闲资源指标部分，香港在 2007 年为 1.038 超过 1 之后，到 2015 年只有 1.084，这 9 年间旅游休闲资源竞争力只增长了 4.43%。而澳门在 2007 年该指数仅有 0.905，到 2015 年达到 1.505，9 年间增长了 66.30%。尤其是在 2012 年澳门以 1.391 超越香港 1.040 之后，便始终高于香港，而香港一直停留在 1.0 ~ 1.1，这说明香港旅游休闲资源趋于饱和，发展过于缓慢，或者说几乎停滞不前，没有发展新的旅游资源。香港在旅游休闲资源方面，过度依赖购物资源，购物资源一家独大，而其他方面的旅游资源如自然风光、人文和文化景观、休闲娱乐等资源却发展滞后。只依靠购物拉动旅游收入的增长会导致发展潜力后劲不足，在发展初期会在一定程度上带动旅游业发展，但长期来看就会陷入瓶颈，无法吸引更多类型的旅客，导致旅游休闲竞争力不足，从而影响整个香港世界旅游休闲中心竞争力的提升。

（四）旅游基础设施承载面临压力

从表 4 来看，香港的旅游基础设施提升速度不如澳门，起初其旅游基础设施竞争力指数高于澳门，但在 2011 年被澳门反超之后便一直低于澳门，到 2015 年，澳门旅游基础设施竞争力指数达到 0.982，而香港旅游基础设施竞争力指数只有 0.839。香港本身路面就较少，加上近年来外地旅客的涌入导致香港路面交通和地铁拥堵。有关研究显示，内地入境香港旅客人数与港铁人数之间相关性较为显著，内地入境香港旅客每增加 1%，港铁人次就会增加 0.17%，这便给香港交通带来巨大压力。在香港地铁港岛线金钟站，乘客要等上 5 趟地铁才能坐车，屯门至尖东半个多小时的车程坐地铁却反而要花费 1 个多小时。单从香港路面和地铁交通来看，香港旅游基础设施承载就面临不小的压力，不利于香港世界旅游休闲中心竞争力的提升。

五　香港世界旅游休闲中心竞争力提升路径

（一）扩大市场规模

1. 拓展旅游休闲空间

香港本地区的旅游资源目前已接近瓶颈，新的旅游资源开发不足，这对香港世界旅游休闲中心市场规模的扩大是一个具有挑战性的限制因素。香港要拓展旅游休闲空间，就需要放开眼界，寻找与周边城市的合作机会。比如当前我国正在大力推进粤港澳大湾区建设，香港可抓住这一机遇，在旅游业的发展方面与内地开展广泛合作，本着优势互补、互利共赢的原则，和粤港澳大湾区城市群联合开发旅游产品，在更大范围上对旅游资源进行开发和共享，共同打造“粤港澳旅游休闲大湾区”，使香港自身的旅游休闲竞争力在一定程度上实现质的飞跃。

2. 充分利用国家“一带一路”倡议所带来的机遇

香港作为世界旅游休闲中心的重要组成部分，对全球旅客都有着巨大吸引力。香港地理位置优越，作为“一带一路”的关键节点，应抓住“一带一路”建设对旅游休闲产业所带来的良好发展机遇，发挥自身的比较优势，香港旅游业也可以扮演中国内地和世界的“超级联系人”角色，推出“香港自由行+”，着力打造“一带一路”沿线的多元综合旅游休闲平台。同时，通过提高旅游休闲服务水平，提高旅游从业人员的技能和服务水平。按照国际化的目标要求，增强旅行社的接待能力，尤其是接待国际旅客旅行社的接待能力。

（二）提高国际化程度

1. 大力吸引国际旅客

香港虽属世界旅游休闲中心，但自回归以来，内地旅客比重却在逐年上升，近年来，内地旅客占比甚至超过旅客总量的70%，并且比重依然呈现上升态势。固然内地旅客是促进香港旅游业发展的重要力量，但国际客源量却是香港作为世界旅游休闲中心的重要依据和长久发展之计。目前，世界上许多国家为吸引国际旅客，纷纷采取一系列措施，简化签证手续，如美国、欧盟和韩国实施免签证制度，法国把中国旅客赴法旅游签证审核时间缩减至 48 小时等。香港在确保社会安全的情况下，应改善签证渠道，逐渐放宽旅游签证门槛，增加旅游免签或落地签的国家，提高国际入境旅客数量，适当延长国际旅客入境逗留时间，在签证制度上为大力吸引国际旅客做好准备工作，提高旅游业的国际旅客收入来源，提升国际化程度。

2. 扩大国际知名度

香港旅游业应加大在国际上的宣传力度，通过现代广告传播手段，给世界各地更多旅客传播信息，展现香港独特的多元文化、丰富的旅游资源和优质的旅游服务，扩大增加现有客源地。同时，香港本地应做好旅游服务，大力宣传自身形象，树立良好的口碑，通过口口相传将正面信息传递给世界。

（三）开发旅游休闲资源

开发多元化的旅游休闲资源，将香港的旅游休闲业引向深度体验的高增值方向。充分利用香港目前所拥有的自然风光和人文景观，大力开发多元化旅游景区。同时，打造更多娱乐休闲场所，香港旅游休闲业者可充分发挥香港娱乐、休闲、文化、会展的比较优势，探索多种路线、多种定位的旅游休闲产品设计，侧重多元文化交流的线路设计，消除香港仅作为购物中心的刻板形象。将香港旅游休闲产业的旅游资源、产业空间和产业发展动力加以扩充，使旅客在香港不仅能享受购物乐趣，还能享受香港独特的中西方交融文化和特色，获得独特的旅游体验。

（四）完善旅游基础设施

香港目前旅游休闲业发展得如火如荼，因此必须不断完善城市中的基础设施，使得旅游休闲的配套基础设施能够跟上快速发展的旅游产业。不仅要从酒店、旅社、餐馆等食宿方面加大力度，而且要重视交通基础设施的建设，可以在机场和火车站建立旅游快线，方便旅客到达之后的行程；同时，对旧车站、旧公路等进行翻修改造，给旅客展示香港的良好形象。另外，香港可以考虑在旅游旺季适当延长旅游场所的开放时间。在大力完善基础设施的同时，要注意与生态环境协调发展，不可突破生态资源的底线，实现经济效益和生态效益的统一。

参考文献

杰弗瑞·戈比：《21 世纪的休闲与休闲服务》，张春波译，云南人民出版社，2000。

冉斌：《我国休闲旅游发展趋势及制度创新思考》，《经济纵横》2004 年第 2 期。

张作文、王亮：《澳门建设世界旅游休闲中心：差距与策略》，《港澳研究》2013 年第 1 期。

陈章喜：《世界旅游休闲中心模式比较与澳门的选择》，《澳门理工学报》2015 年第 4 期。

杨英、王晶：《小空间尺度区域视角的澳门世界旅游休闲中心发展研究》，《产经评论》2017 年第 2 期。

毛艳华、荣健欣、钟世川：《“一带一路”与香港经济第三次转型》，《港澳研究》2016 年第 3 期。

陈章喜、李霞：《休闲旅游中心的国际竞争力评价——以香港特区与澳门特区为例》，《国际商务—对外经济贸易》2016 年第 4 期。

Hong Kong's Competitiveness as a World Tourism Leisure Center: Comprehensive Evaluation and Promotion Paths

Chen Zhangxi　Mao Yue

Abstract: In the course of the development of the global economy in the twenty-first century, tourism leisure industry has become an important driving force for the rapid development of the world economy. Hong Kong is an important part of the world center of tourism and leisure. Making a reasonable evaluation is the objective requirement to promote the economic development and enhance the international status of Hong Kong. This paper starts from the general characteristics of the world center of tourism and leisure, describes the current situation of the development of the world center of tourism and leisure in Hong Kong, and builds an evaluation system on the basis of development characteristics and evaluation index to evaluate objectively Hong Kong's competitiveness as a world center of tourism and leisure center using Analytic Hierarchy Process (AHP). At the same time, the author puts forward the existing problems and development path and strategy of Hong Kong as a world tourism of leisure center.

Keywords: The World Center of Tourism and Leisure; Competitiveness; Hong Kong; Empirical Evaluation

游离之外还是融入其中？
——“一带一路”背景下香港的FTA路径选择研究*

李董林　张应武**

摘　要：“一带一路”背景下，FTA建设是香港经济建设的焦点议题。香港地区作为实体经济基础薄弱、产业结构单一的小型经济体，在全球化浪潮中并不具备反自由贸易条件，开放是其唯一出路。本研究基于GTAP9模拟分析了香港地区加入“一带一路”沿线各涉中FTA对经济的影响，结果表明：①香港加入“一带一路”沿线涉中FTA未必能带来益处，但不加入必然弊大于利；②香港单独加入“一带一路”沿线FTA缺乏足够吸引力；③香港地区所受影响与FTA合作伙伴经济规模高度相关。最终本研究提出“一带一路”背景下香港地区应划分多级梯队融入内地的FTA建设战略，“搭国家便车”推动FTA建设，重点谋求大规模的多边FTA等政策建议。

关键词：“一带一路”　FTA　经济效应　GTAP　香港

---

* 基金项目：国家自然科学基金项目“中国FTA内容异质性的形成机理与贸易效应研究”（项目编号：71563010），海南省哲学社会科学2015年规划课题成果［HNSK（ZC）15－24］。

** 李董林，海南大学经济与管理学院2015级硕士研究生，主要研究方向为国际商务；张应武，博士，海南大学经济与管理学院副教授，主要研究方向为国际贸易与投资。

一 引言

自由贸易协定（Free Trade Agreement，FTA）在过去的二十多年里在世界范围内快速发展，成为推动全球化发展的重要力量，诸多研究表明达成高水平的 FTA 是促进区域经济发展的良策。根据 WTO 的最新统计，截至 2016 年末，全球共有超过 600 份 FTA 在 WTO 备案，其中超过 400 份已生效；而所有 WTO 成员均签署了至少一份 FTA，平均每个成员已签署了13 份 FTA[①]。近二十年来，FTA 在亚洲地区亦日益盛行，亚洲开发银行的数据显示，1995 年亚太地区的 FTA 数量仅 31 份，截至 2016 年已增长近 7 倍，其中仅中国内地参与的就达到 14 份，共涉及 20 多个国家。截至目前香港地区仅与中国内地、智利、新西兰、欧洲自由贸易联盟[②]等国家（或地区）签订了 4 份 FTA，远低于 WTO 成员同期的平均水平，与香港地区的国际地位和经济发展水平明显不符。

毋庸置疑，政治经济利益始终是一个国家（或地区）参与国际经济活动的核心动力，而利益的大小和持续性则直接关乎参与的积极性和广泛度。香港地区作为中国对外开放的桥头堡，其实体经

---

① 事实上，向 GATT/WTO 通报并仍然有效的有 430 项，但由于一项 RTA 若既涵盖货物贸易也涉及服务贸易，则 WTO 统计中按两项 RTA 进行通报，一项为货物贸易协定，另一项为服务贸易协定，但是实际上只有 1 个协定；另外，若有新成员加入已有协定，在通报中也算作一项新协定。扣除上述重复计算的情形，WTO 官方网站上公布的实际（physical）有效的 RTA 是 270 项。

② 欧洲自由贸易联盟简称欧贸联，成立于 1960 年 5 月，总部设在日内瓦，主要成员国有奥地利、丹麦、挪威、葡萄牙、瑞典、瑞士和英国。

表1　涉中（内地）及涉港FTA相关统计

类别	类型	详细统计
涉中（内地）FTA	已签协议的FTA	中国－澳大利亚、中国－瑞士、中国－哥斯达黎加、中国－新加坡、中国－智利、中国－东盟、中国－韩国、中国－冰岛、中国－秘鲁、中国－新西兰、中国－巴基斯坦、中国－东盟（“10＋1”）升级、《内地与香港关于建立更紧密经贸关系的安排》（CEPA）
	正在谈判的FTA	区域全面经济合作伙伴关系（RCEP）[①]、中国－海合会[②]、中日韩、中国－斯里兰卡、中国－巴基斯坦自贸协定第二阶段谈判、中国－马尔代夫、中国－格鲁吉亚、中国－以色列、中国－挪威
	正在研究的FTA	中国－印度、中国－哥伦比亚、中国－摩尔多瓦、中国－斐济、中国－尼泊尔、中国－毛里求斯
涉港FTA	已经达成的FTA	《内地与香港关于建立更紧密经贸关系的安排》（CEPA）、智利、新西兰、欧洲自由贸易联盟
	正在谈判的FTA	香港－东盟FTA、《国际服务贸易协定》（TISA）[③]

资料来源：中国自由贸易区服务网，http：//fta.mofcom.gov.cn。

济基础薄弱，产业结构单一，服务业长期占据主导地位。香港特区政府统计处发布的2016年版《服务业统计摘要》统计数据显示，香港作为全球服务业主导程度最高的经济体，服务业对香港生产总值的贡献率由2005年的91.3%上升至2014年的92.7%，2015年香港地区整体就业人数为380万人，其中服务业从业人数占比高达89.4%，主要分布在金融服务、旅游、贸易及物流、专业及工商支援服务四大支柱产业中。同时香港地区经济增长长期

① 区域全面经济合作伙伴关系（Regional Comprehensive Economic Partnership，RCEP），是由东盟十国发起，邀请中国、日本、韩国、澳大利亚、新西兰、印度共同参加（“10＋6”），通过削减关税及非关税壁垒，建立16国统一市场的自由贸易协定。

② 海合会全称为海湾阿拉伯国家合作委员会，是海湾地区最主要的政治经济组织。成立于1981年5月，总部设在沙特阿拉伯首都利雅得，成员国包括阿联酋、阿曼、巴林、卡塔尔、科威特和沙特阿拉伯6国。

③《国际服务贸易协定》（Trade in Service Agreement，TISA）简称服务贸易协定，是由少数WTO成员组成的次级团体——WTO服务业真正之友集团（Real Good Friends of Services，RGF）展开的，致力于推动服务贸易自由化的贸易协定。

严重依赖于对外贸易，香港贸易发展局统计数据显示香港对外贸易占 GDP 比重超过 20%，香港成为全球化背景下发展开放型经济的大赢家。

英国“脱欧”和美国的一些政策对 FTA 的全球发展产生巨大冲击，但毫无疑问 FTA 仍将在相当长时间内对全球经济发展发挥作用。香港作为全球最自由的经济体以及中国内地重要的对外窗口，制订科学合理的 FTA 发展规划是香港地区下一阶段的重要发展战略，以此为依托可进一步提升巩固其全球城市（Global City）和国际自由港的地位，同时有效避免因脱离全球 FTA 网络而可能出现的“孤岛效应”（Islanding Effect）。另外，香港作为“一国两制”下的独立经济体，长期以来就是中国内地最重要的转口港、最大的 FDI 来源地、最重要的离岸集资中心，其融入 FTA 浪潮既有独立性又有从属性，在配合国家“一带一路”建设及 FTA 战略中发挥着独特作用，香港地区在此背景下的 FTA 路径选择即成为重要议题，其现实价值和战略意义不言而喻。

二 文献回顾

近年来关于香港地区的开放型经济建设成为学术界的研究热点，其中以 FTA 建设作为香港地区开放型经济建设重要抓手的新思路受到广泛关注。诸多研究中，围绕“香港地区开放型经济的进一步深化发展”和“CEPA 对双边地区的经济影响”两大主题的研究对香港地区 FTA 建设研究的影响尤为突出。

开放型经济建设策略下香港地区 FTA 建设的进一步深化拓展是更大视角下香港地区开放型经济发展的重要思路，与香港地区巩固国际地位、持续繁荣存在着紧密的联系。高祀仁（2009）指出香港在国家经济发展过程中具有重要作用，“香港因素”成为国家改革开放取得成功的重要因素，改革开放则是香港取得的成就中至关重要的“内地因素”，香港与内地之间相辅相成。胡鞍钢（2012）提出建设中国内地、香港、韩国、日本的三国四方 FTA 构想，以此推动中国的开放型经济发展和市场经济改革，促进区域经济一体化，带动东亚地区经济发展。庄芮（2011）研究认为香港具有独特的政治经济环境和良好的外部经济氛围，应成为中国 FTA 战略的“早期试验田”和“动态试验区”，未来中国的 FTA 战略应该在放眼全球的基础上进一步整合港澳台地区资源实现“大中华自由贸易区”，当前香港地区应是中国 FTA 推进过程中的跳板。张燕生（2015）分析认为“十三五”期间香港地区应主动发挥“一国两制”优势，利用好自身自由港、服务港、国际金融港等优势，建立健全相应的制度规范和治理体系，深化改革，进一步巩固香港在国家经济建设中的重要地位，推动“一带一路”和 FTA 建设。侯丹丹（2016）基于 GTAP 模拟分析中韩 FTA 在东亚的经济影响并指出，香港地区是中韩 FTA 达成后出口受阻最为严重的区域之一。毛艳华等（2016）指出在“一带一路”背景下要发挥香港的离岸服务和专业服务业优势，为香港发展提供巨大的市场空间，推动主要生产性服务行业向高增加值环节升级转型，为新形势下香港地区的第三次经济转型提供新动力，主动融入“一带一路”建设、服务“一带一路”建设、协同推进“一带一路”建设。类似研究普遍认同香港地区在“一带一路”建设过程中的重要地位和巨大发展空间，香港应成为国家开放战略和“一带一路”建设的重要桥梁，并且深化开放和积极融入内陆地区的发展战略符合国家经济发展战略和实现香港地区长远利益双重诉求。

在前述研究基础之上，学者进一步围绕 CEPA 对双边经济的影响展开深入探讨，以香港地区开放型经济发展和 FTA 建设的典型案例剖析香港地区的 FTA 建设路径。张光南等（2011）基于 GTAP 模型分析内地与香港贸易自由化的经济效应，结论指出 CEPA 提升了香港与内地的经贸合作水平，促进了两地的产业结构调整和升级，同时认为 ECFA① 的全面落实将削弱香港地区在海峡两岸经贸交往中的承接作用。毛艳华和肖延兵（2013）运用统计性描述、巴拉萨模型和贸易竞争优势指数等方法评价了香港与内地服务贸易开放的经济效应，结论表明 CEPA 充分激发了内地与香港地区服务贸易的比较优势，促进了双边服务贸易的快速发展。周泳宏（2012）分析了 CEPA 实施前后香港与内地之间的贸易对香港经济增长的影响，结果表明，CEPA 实施以后内地与香港的贸易在香港经济成分中的占比持续攀升，但受到外部因素的显著影响，CEPA 作为 FTA 合作框架下香港地区与内地的具体协议，对双边经贸合作产生了深刻的影响，进一步巩固了内地在香港地区经贸发展过程中的重要地位。苏振东和赵文涛（2016）研究表明 CEPA 是构建广东开放型经济新体制的“预实验”，是广东自贸区建设的经验摸索，总结利用好 CEPA 的经验对构建广东开放型经济新体制和实现粤港两地之间的贸易和投资自由化意义重大。此外，张德修

① 海峡两岸经济合作框架协议（Economic Cooperation Framework Agreement，ECFA；台湾地区的繁体版本称为海峡两岸经济合作架构协议），原称为海峡两岸综合性经济合作协定或海峡两岸综合经济合作协定（英文简称 CECA，即 Comprehensive Economic Cooperation Agreement）。2010 年 1 月 26 日，ECFA 第一次两会专家工作商谈在北京举行。2010 年 6 月 29 日，海峡两岸“海协会”“海基会”领导人签订合作协议。它实质上是两个经济体之间的自由贸易协定谈判的初步框架安排，同时又包含若干早期收获协议。

（2004）、陈广汉和曾奕（2005）、周金城（2012）、张应武和徐丽苹（2014）等从不同角度分析了 CEPA 对两地经济的影响，为香港地区的 FTA 建设积累了大量经验。以 CEPA 为核心的研究已较为丰富，以此为线索的进一步深化研究也在逐步拓展。

综上所述，学者从不同视角对香港地区的 FTA 和开放型经济建设展开了深入研究，但鲜有研究考虑在国家加快建设自由贸易试验区战略和“一带一路”建设背景下，香港地区如何利用 FTA 建设服务内地的开放战略，本文即以内地全面推进“一带一路”沿线国家或地区 FTA 建设的背景下香港地区的 FTA 建设路径问题为核心，与既有研究相互补，试图为“一带一路”背景下香港地区的 FTA 建设和开放型经济发展战略提供参考建议。

三 “一带一路”背景下香港 FTA 建设的路径选择

香港地区兼具独立关税区、非主权经济体、国际自由港、服务型主导经济体、小型经济体等多重身份，特殊的政治经济环境决定了开放型发展思路是其经济发展的必然选择，FTA 建设成为香港发展开放型经济的重要途径，高度契合区域发展和国家战略双重需求。“一带一路”建设背景下，内地的 FTA 发展更是一路高歌猛进，而在此背景下香港地区 FTA 建设路径的选择成为具有重要理论意义和现实价值的课题。

本研究将重点围绕“一带一路”背景下已与内地达成 FTA 或正在谈判的“一带一路”沿线国家（或地区）展开研究，其中已与内地和香港均达成 FTA 的国家（或地区）、与中国内地 FTA 尚处研究起步阶段和非“一带一路”沿线的国家（或地区）暂不予考虑。目前已与内地达成或正展开 FTA 洽谈的“一带一路”沿线重点国家（或地区）主要有以色列、斯里兰卡、日本和韩国、秘鲁、格鲁吉亚、巴基斯坦、“海合会”、东盟和区域全面经济合作伙伴关系（Regional Comprehensive Economic Partnership，RCEP）共 9 个国家（或地区）。

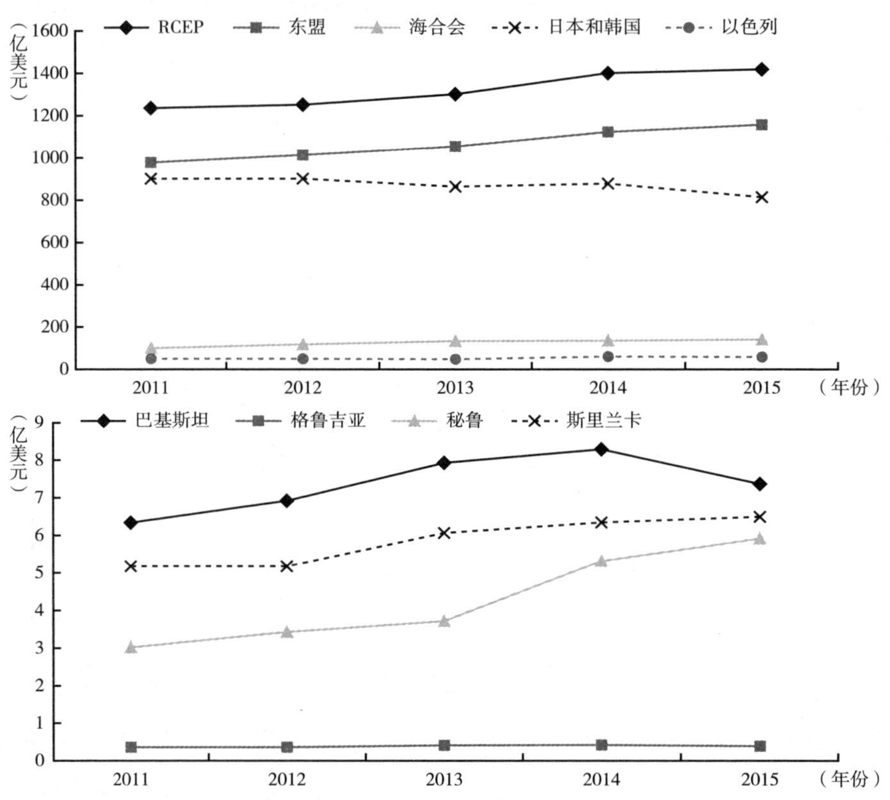

图 1 2011 ~ 2015 年香港地区与 9 个涉中 FTA 合作伙伴的贸易规模

资料来源：UN Comtrade 数据库。

图 1 中 9 个本研究重点分析的国家（或地区）中，日本和韩国、RCEP 和东盟与香港地区保持着紧密的贸易关系，贸易规模较大，而与其他 6 个国家（或地区）的贸易关系则相反，两极分化较为严重。

（一）FTA 路径选择研究方法

本研究主要通过事前模拟分析不同情境下“一带一路”沿线国家和地区的 FTA 建设对香港地区的经济效应，以此分析香港地区在“一带一路”背景下的 FTA 路径选择问题，为香港地区如何融入“一带一路”建设和深化其开放型经济建设提供参考建议。当前针对国际贸易政策效果的事前模拟分析方法中由普渡大学教授 Thomas W. Hertel 所领导开发的 GTAP（Global Trade Analysis Project）模型得到学界普遍认可。鉴于该模型对经济一体化效果的良好模拟分析能力，本文即以该模型模拟分析“一带一路”背景下香港加入各涉中 FTA 前后的经济效应。本文采用最新的第九版 GTAP 数据库进行分析，该版本数据库以 2011 年为基期，包含 140 个国家（或地区）、57 个产业、8 种基本生产要素的相关数据。

（二）GTAP 模型设定

1. 区域、产业设定

香港作为关境之外、国境以内的独立开放经济体，其经济政策的制定既具有独立性又兼具从属性，在实现区域经济发展目标的同时需要结合中国的战略规划最大限度地实现双赢。鉴于此，本文在区域设定时将区域主体分为四类，分别是中国内地、中国香港、已与内地达成或正展开 FTA 洽谈的重点国家（或地区）和世界其他国家（或地区）。其中已与内地达成或正重点展开 FTA 洽谈的重点国家（或区域）主要指前文所提到的“一带一路”沿线 9 个涉中 FTA 合作伙伴。

本文为简化分析过程，鉴于上述两方面的因素，在 GTAP 产业设定方面遵照数据库基准分类，不做进一步调整。

2. 情景设定

基于 GTAP 的事前经济效应模拟分析主要是从关税、交通便利性、政策扶持等方面调节模拟经济一体化所产生的影响。香港地区是典型的开放经济体，基本实现了货物贸易和服务贸易的自由进出，本研究主要是分析香港在“一带一路”背景下的 FTA 建设战略，为简化分析流程，从宏观层面刻画香港的 FTA 选择路径，主要以各 FTA 实现完全贸易自由化为基本假设，即关税水平全部降为零关税，在此基础上模拟分析三类情境下香港地区的经济效应。

表 2　香港 FTA 路径选择研究模拟情景

模拟情景	情景描述
情景 A	内地分别与 9 个合作伙伴达成 FTA 并实现全面贸易自由化，香港未加入
情景 B	内地分别与 9 个合作伙伴达成 FTA 并实现全面贸易自由化，香港单独加入
情景 C	内地分别与 9 个合作伙伴达成 FTA 并实现全面贸易自由化，香港捆绑加入

注：情景 C 中捆绑加入即指内地与港澳地区作为整体加入各 FTA。

（三）各涉中 FTA 建设对香港的经济效应分析

长期以来，香港凭借自由和开放优势而成为亚太地区重要的开放经济体，其基础产业薄弱、产业结构单一，服务贸易和转口、转运贸易长期主导香港经济发展走向，内地即为香港地区进出口贸易、转口和转运贸易的最大合作伙伴，2016 年香港地区与内地的进出口贸易总额占香港地区进出口贸易总额的比重高达 47.77%，其中与内地的转口贸易占比更是高达 54.29%[①]。香港地区作为

① 香港特区政府统计处数据显示：2016 年香港地区进出口总额为 40513 亿港元，其中进口贸易总额为 40084 亿港元，出口贸易总额为 429 亿港元，转口贸易总额为 35454 亿港元；与内地的进出口总额为 19354 亿港元，其中进口总额为 19168 亿港元，出口总额为 186 亿港元，转口贸易总额为 19249 亿港元。

“一国两制”政治制度下的特殊经济体，其经济政策要兼顾区域内部发展和国家的大政方针和战略规划。因此，香港地区的 FTA 战略既要结合其经济发展需求，也要结合当前国家的主旋律，与宏观顶层设计“一带一路”建设相适应。本文主要通过 GTAP 模拟分析不同情境下香港地区参与“一带一路”建设沿线国家和地区各 FTA 的经济效应，试图通过系统分析为“一带一路”背景下香港地区的 FTA 路径选择提供参考建议。表 3 中 A、B、C 分别表示表 2 中的三种模拟情景。

表 3　三种情景下香港地区的经济效应分析

区域	情景	GDP	福利（百万美元）	产出	贸易条件	进口	出口
巴基斯坦	A	-0.006	-8.895	-0.083	-0.006	-0.004	-0.003
	B	-0.003	-4.651	-0.031	-0.003	0.001	0.001
	C	0.244	310.121	4.541	0.167	0.374	0.332
斯里兰卡	A	-0.001	-1.705	-0.011	-0.001	-0.001	-0.001
	B	0.001	1.087	0.029	0.000	0.002	0.002
	C	0.248	315.868	4.602	0.171	0.375	0.333
格鲁吉亚	A	0.000	-0.009	0.000	0.000	0.000	0.000
	B	0.000	-0.008	0.000	0.000	0.000	0.000
	C	0.247	314.768	4.572	0.170	0.373	0.331
秘鲁	A	0.000	-0.352	0.000	0.000	0.000	0.001
	B	0.001	0.320	0.005	0.000	0.001	0.001
	C	0.247	315.092	4.577	0.171	0.375	0.332
以色列	A	0.000	-1.091	-0.006	-0.001	-0.001	0.000
	B	0.002	0.919	0.019	0.000	0.001	0.002
	C	0.248	315.696	4.588	0.171	0.375	0.333
海合会	A	-0.003	-12.459	0.041	-0.007	-0.004	-0.004
	B	0.008	0.662	0.262	0.000	0.009	0.008
	C	0.254	315.447	4.835	0.170	0.383	0.339
日韩	A	-0.351	-456.501	-4.291	-0.247	-0.465	-0.370
	B	-0.262	-343.040	-2.784	-0.186	-0.319	-0.237
	C	-0.015	-27.718	1.785	-0.015	0.054	0.094

续表

区域	情景	GDP	福利（百万美元）	产出	贸易条件	进口	出口
东盟	A	-0.030	-59.762	-0.560	-0.034	-0.051	-0.039
	B	0.126	140.024	5.478	0.074	0.123	0.097
	C	0.373	454.810	10.047	0.244	0.496	0.428
RCEP	A	-0.360	-505.514	-5.153	-0.276	-0.545	-0.440
	B	-0.064	-127.260	3.310	-0.072	-0.140	-0.094
	C	0.183	188.031	7.879	0.099	0.234	0.237

注：除福利外其他各项单位为%，数据来源于 GTAP 模拟结果。

1. 经济增长效应

FTA 建设最直接的影响即体现在对成员伙伴经济增长的促进作用上，这也是各经济主体参与 FTA 建设的根本出发点。从表 3 分析结果来看，模拟情境 A 下，上述 9 个涉中 FTA 全面达成，而香港地区不参加，则其经济增长必然受挫；模拟情境 B 下，香港地区独立于内地单独与上述 9 个国家（或地区）达成 FTA，香港地区的经济增长仍将受到负面影响，但相较于模拟情境 A，经济增长所受的负面影响略有减轻；但若香港地区与内地捆绑与上述 9 个国家（或地区）达成高水平的 FTA，则将有助于香港地区的经济摆脱困境。综合来看，三种模拟情境下香港地区的经济增长所受影响的程度与合作伙伴的经济体量、规模和既有经贸基础有高度的正相关关系，经济增长效应视角下，香港地区与内地合作建设“一带一路”沿线 FTA 的愿望较强。

2. 社会福利效应

社会福利是除经济增长以外另一个衡量 FTA 经济效益的指标。社会福利效应的强弱直接影响 FTA 参与者内部各阶层的态度，较强的社会福利效应能够有效降低 FTA 推行过程中的社会阻力，相反则 FTA 相关政策的贯彻落实将面临更大压力。表 3 的整理结果显示，完全脱离于上述 9 个涉中 FTA 将会对香港地区的社会福利产生较大负面影响；而与完全脱离相比，若香港地区单独与上述 9 个国家（或地区）达成 FTA，则香港地区的社会福利将有明显改善，但仍未能实现整体社会福利的全面增长；反之，香港地区若与内地捆绑与上述除日韩外的国家（或地区）达成 FTA，则香港地区的整体社会福利将得到极大提升。与日韩地区的 FTA 达成对香港地区社会福利仍产生负面影响，分析认为主要是受地理位置的影响，内地—香港—日韩 FTA 达成后香港地区的转口贸易等诸多优势难以发挥，社会福利才未出现显著增长。加入与否以及加入方式的差异对香港地区的社会福利影响存在显著差异；同时与经济增长效应相似，合作伙伴的经济规模和地理区位因素都直接影响了香港地区社会福利效应的变动。综上所述，在社会福利视角下，香港地区与内地合作建设“一带一路”沿线国家和地区的 FTA 存在现实利益基础。

3. 产出效应

产出效应是指因 FTA 达成所引起的社会整体生产能力的变化，是 FTA 建设所引致的贸易转移效应和贸易创造效应的间接效应，对评价 FTA 建设成效意义重大。由表 3 模拟结果来看，完全游离于各涉中 FTA 之外将导致香港地区的整体产出受到负面冲击；相较于模拟情境 A，香港地区以独立经济体身份单独与前述 9 个国家（或地区）达成 FTA 或与内地合作与各经济体达成 FTA，都将对香港地区的产出产生积极影响，但通过与内地合作与各经济体建设 FTA 将明显优于香港地区单方面与各经济体达成 FTA。总而言之，对香港地区而言，与前述类似，参与上述 FTA 将有助于摆脱各

FTA 达成后在产出层面所产生的负面效应，且加入各 FTA 的形式与所受影响高度相关；同时，加入各 FTA 对香港的产出刺激作用与 FTA 双边经济规模直接相关。

4. 贸易条件效应

实现贸易自由化，提升双边经贸合作关系是 FTA 的发展目标之一，贸易条件的改善即成为评价 FTA 经济效益的重要指标。贸易条件效应是指因 FTA 建成所造成的贸易转移效应影响了参与方的贸易条件。由表 3 分析可知，无论是脱离"一带一路"沿线各涉中 FTA，还是单独与"一带一路"沿线国家和地区的各涉中 FTA 合作伙伴洽谈，香港地区的贸易条件都将恶化，当前香港地区的企业超过 80% 在内地设有分部，香港地区脱离于内地的 FTA 战略将直接导致企业重心进一步向内地转移，致使香港地区贸易条件进一步恶化；反之与内地合作协同推动"一带一路"沿线 FTA 建设，香港地区的贸易条件将得到明显优化。香港地区若游离于上述"一带一路"沿线国家和地区的 FTA 之外，则其贸易条件必然恶化，且恶化程度与合作伙伴经济规模紧密相关，若顺势融入则有助于降低负面影响，若参与内地的"一带一路"沿线国家和地区的 FTA 建设进程，则其转口港、自由港、开放港等诸多国际贸易优势将得到持续发挥，整体贸易条件将随着"一带一路"建设的深化而进一步改善。

5. 进出口效应

达成 FTA 的最直接影响就是消除贸易壁垒，促进资源的自由流动，实现贸易自由化，进出口的变化即受其直接影响。与贸易条件效应类似，脱离或单方面与上述经济体建设 FTA 都不利于香港地区的进出口贸易，而与内地共同建设上述 FTA 将促进香港地区的进出口贸易。上述情况的出现与香港地区的进出口贸易状况直接相关，香港地区基础经济薄弱、产业结构单一，进出口贸易中转口贸易长期占据极为重要的地位，而内地长期以来则为香港地区最大的转口贸易合作伙伴。鉴于FTA规则中惯有条款指出"经第三方转口的货品，无论是否发生增值，该类产品将不再符合产地来源规则，不能享受关税减免及其他优惠"，香港地区脱离或单方面推动"一带一路"沿线FTA建设都难以发挥其转口港优势，反之其转口港优势会随着内地与上述"一带一路"沿线经济体FTA建设的推进而逐渐减弱直至最终丧失。同时在香港地区的对外贸易中内地、RCEP（包括东盟十国）和日韩地区占据了极大比重，上述经济体是"一带一路"沿线国家和地区的FTA建设过程中的重点攻关对象，香港地区脱离内地的FTA策略将严重影响其进出口贸易，而积极融入的策略将使其在进出口方面取得显著成效。另外，与前述类似的是，合作伙伴经济规模与香港所受影响呈高度正相关关系。

四　结论与政策建议

（一）主要结论

1. 香港地区加入FTA未必能带来益处，但不加入必然弊大于利

FTA的影响是多样性的，但整体而言，香港地区脱离于内地FTA战略必然受负面冲击，而积极融入内地的FTA战略利大于弊，尤其是"一带一路"背景下的FTA建设规划。香港地区作为以服务业为主导的高度开放的小型经济体，在内地加快布局全球FTA

网络背景下，特别是在“一带一路”建设推进等开放型经济新格局中，香港若不加入 FTA 必然弊大于利，长期游离于内地的 FTA 战略之外，则可能面临边缘化的风险，丧失其自由港的优势条件，在经济全球化和“一带一路”建设的大背景下没落沉沦，产生“孤岛效应”。

2. 香港地区单独加入“一带一路”沿线 FTA 缺乏足够吸引力

是否产生显著的经济影响以及影响的大小是影响香港是否融入 FTA 的关键因素。模拟分析结果显示香港地区单方面与上述“一带一路”沿线国家和地区的 FTA 伙伴达成 FTA 并不能够对自身的经济发展带来明显益处，甚至在某些方面形成负面影响。导致该现象产生的主要原因是香港地区历来是高度开放的自由港，加之其产业结构单一、缺少实体经济的支撑，经济发展尤其是国际贸易高度依赖于内地市场，脱离内地单方面加入 FTA 严重制约了其自由港、转口港优势的发挥，并且单独加入各 FTA 缺乏足够的吸引力。

3. 香港地区所受影响与 FTA 合作伙伴经济规模高度相关

模拟结果表明，不同模拟情境对香港地区的 GDP、社会福利、贸易条件、产出、进出口等方面都会产生影响，影响的大小与合作伙伴的经济体量和规模有直接关系，规模越大，被排除在 FTA 之外的香港地区受到的负面影响越大，反之越积极融入其中则对香港内部经济发展提振效果越明显。

（二）政策建议

1. 划分多级梯队融入内地的 FTA 建设战略

模拟结果显示，香港地区加入涉中的 RCEP、内地—东盟和内地—日本和韩国三个 FTA 项目将最大限度地获益和降低负面影响；

与海合会的 FTA 建设所产生的经济效应明显弱于前述三个 FTA；而加入与其他 5 个国家（或地区）的 FTA 产生的经济效应最弱，因此香港地区应优先加入内地—日本和韩国 FTA、内地—东盟 FTA 和 RCEP，其次考虑与“海合会”达成 FTA，最后与其他国家和地区达成 FTA。结合国家战略方针和香港地区的区域特点，借助国家 FTA 建设平台，将上述国家（或地区）及后续的涉中 FTA 划分为多级梯队，优先加入正向经济效应显著的 FTA，逐步推进香港地区的开放型经济发展和 FTA 战略的落实。

2. “搭国家便车”推动 FTA 建设

香港地区作为典型的实体经济基础薄弱、产业结构单一的小型经济体，并不具备反贸易自由化的实力，游离于 FTA 之外必然弊大于利，陷入单输困境。当前“一带一路”背景下香港地区顺势积极加入更多 FTA，一方面符合香港地区特殊的内外部经济环境，另一方面也与国家的宏观战略高度吻合，预期能在实现自身经济发展转型升级的同时推动“一带一路”建设的深入推进，实现港内经济腾飞和国家全面繁荣的双赢局面。综合衡量香港的限制条件及优势所在，结合模拟结果分析来看，香港地区单方面与其他经济体签订新的 FTA 缺乏必要性，预期经济收益难以弥补所付出的代价，因此结合国家的大政方针推动香港地区的 FTA 建设是可行之策。同时，“一带一路”背景下国家的 FTA 建设全线铺开，香港地区特殊的政治地位和经济状况，决定其任何政策的制定都要兼顾港内发展和国家的整体规划。香港地区在“一带一路”沿线国家和地区的 FTA 建设过程中，在考虑港内发展的同时应与国家战略相结合，从谈判对象、谈判顺序、协议内容等方面严格遵照国家的部署，全局谋划，结合国家经济转型和港内经济发展的实际需求，突破发展瓶颈。香港地区以“搭国家便车”的形式融入各涉中 FTA，能最大限度地降低成本，配合国家的战略方针推动开放型经济发展。

3. 重点谋求大规模的多边 FTA

模拟结果表明 FTA 合作伙伴的经济规模与其对香港地区的影响高度正相关，因此应重点参与推进大规模的 FTA 建设；另外，香港地区的对外贸易以内地和亚洲地区为主，诸多研究表明，香港地区作为重要的转口、转运港，其中对外贸易一半以上的份额来自内地，单方面与第三方经济体达成双边 FTA 对其转口和转运的意义显然不大。同时预期达成的香港—东盟 FTA 或加入内地—东盟 FTA 都将有效解决其外贸需求问题；因此，综合考虑经济收益、政治利益和建设成本等因素，香港地区应重点谋求加入规模和经济体量大、参与主体多的多边 FTA，继续巩固其转口和转运港的地位，持续扩大多边 FTA 对香港地区经济发展的正面推动作用。同时，对于当前内地尚未加入的 FTA，香港地区应积极发挥开拓者精神主动融入，内地则通过设立香港分公司等手段间接参与，在降低开放风险的同时促进内地享受 FTA 红利，探索、熟悉多种类型 FTA 的规则体系，为进一步开放积累经验。

参考文献

陈广汉、曾奕：《CEPA 对内地香港生产者服务贸易影响的理论分析》，《经济学家》2005 年第 2 期。

高祀仁：《香港在国家改革开放中的地位和贡献》，《求是》2009 年第 1 期。

胡鞍钢：《建立中国、香港、日本、韩国三国四方自由贸易区（FTA）设想》，2012。

侯丹丹：《中韩 FTA 对东亚的经济影响——基于 GTAP 模型的模拟分析》，《国际经贸探索》2016 年第 8 期。

毛艳华、肖延兵：《CEPA 十年来内地与香港服务贸易开放效应评析》，《中山大学学报》（社会科学版）2013 年第 6 期。

毛艳华、荣健欣、钟世川：《“一带一路”与香港经济第三次转型》，《港澳研究》2016 年第 3 期。

苏振东、赵文涛：《CEPA：粤港贸易投资自由化“预实验”效应研究——兼论构建开放型经济背景下对广东自贸区建设的实证启示》，《世界经济研究》2016 年第9 期。

张德修：《论 CEPA 的主要特点与战略意义》，《北京大学学报》（哲学社会科学版）2004 年第 5 期。

张光南、邱杰宏、陈坤铭：《中国内地和中国香港的贸易自由化效应研究——基于全球贸易分析模型 GTAP 的分析》，《国际贸易问题》2011 年第 9 期。

庄芮：《香港在中国自由贸易区战略中的地位和作用》，《国际经济合作》2011 年第 12 期。

周泳宏：《CEPA 改变了两地贸易对香港经济增长的影响吗？》，《统计研究》2012 年第 3 期。

周金城：《CEPA 框架下内地与香港服务贸易的发展及其启示》，《亚太经济》2012 年第 6 期。

张应武、徐丽苹：《CEPA 促进了香港与内地的货物贸易吗？》，《国际经贸探索》2014 年第 2 期。

张燕生：《“十三五”时期国家用好香港优势的路径与选择》，《港澳研究》2015 年第 3 期。

Free or into it? A Study on FTA Route Selection in Hong Kong under the Background of “The Belt and Road”

Li Donglin　Zhang Yingwu

Abstract: FTA construction has been the focus of Hong Kong's economic issues under the background of “The Belt and Road” . Hong Kong, as a small economy with a weak economic foundation and a single industrial structure, does not have the ability to oppose free trade in the wave of globalization. Therefore, opening is the only outlet. Based on the GTAP9 simulation analysis of economic effects before and after Hong Kong's joining the FTA, the results show that: (1) Hong Kong's joining the FTA may not bring benefits, but it is bound to be harmful than good if not. (2) Hong Kong's joining the FTA alone lacks sufficient attraction; (3) The scale of the FTA economy is highly relevant to the impact on Hong Kong. In the end, this study puts forward the FTA construction strategy of "multi-echelon echelon" integration into the Mainland under the background of "The Belt and Road", and as well as taking a ride from nation to promote the FTA construction, and focus on seeking large-scale multilateral FTA policy recommendations.

Keywords: The Belt and Road; FTA; Economic Effect; GTAP; Hong Kong

粤港产学合作效率评价

——基于 DEA – TOBIT 方法的实证研究*

� 綦纶　毛艳华**

摘　要：产学合作对于产业提升与经济成长有积极的促进作用，在区域经济合作的背景下，民间企业、学校、政府等之间的创新合作已成为粤港产业发展与转型的客观需求，尤其是联结粤港合作所形成的大湾区经济发展，更需要多方面、多领域合作才能达成。本文透过实证研究，对产学合作的内在成因进行逐层探究分析，发现合作中所存在的差距，对于理解粤港两地城市产学效益形成和特征，指导粤港两地产学合作发展和建设具有现实借鉴意义和参考作用。

关键词：产学合作　广东　香港

自改革开放的全面实行到目前为止，香港和广东两地通过地

---

* 本文是广东省科技计划项目“新形势下深化粤港澳科技合作研究”（项目编号：2010B050800008）阶段性研究成果。

** 邴綦纶，中山大学港澳珠江三角洲研究中心，博士后，湖北经济学院讲师，主要研究方向为产业经济学、区域经济学；毛艳华，中山大学港澳珠江三角洲研究中心，教授，主要研究方向为产业经济学、区域经济学。

缘、人员和政策等一系列优势，在科技、经济、贸易等领域实现了充分深度的沟通与合作。珠三角地区的经济发展水平位居全国前列，尤其是最近三十年来，该地区的人口数量、经济产量、土地使用情况都发生了翻天覆地的改变。从目前情况来看，该地区共有全国一线城市两个，分别为省会广州和经济特区深圳，两座城市的常住人口都已经超过了千万。此外，该地区还拥有两个常住人口超过五百万的特大城市，分别为广州附近的东莞市和佛山市。可以说，该地区的丰富的人口资源对本地的经济和社会发展起着不可估量的推动作用，并且，也提供了当地各产业经济发展的基础，为切实地带动粤港经济一体化创造了相当重要的现实基础。然而，全球经济一体化和地区经济竞争压力愈发显著，其中尤以 2008 年最为突出，在全球范围内爆发金融危机的现实情况下，香港产业领域一系列传统的竞争优势开始面临相当大的外来挑战，必须要实现创新发展。与此同时，广东正处在产业升级和新城镇化建设的关键过程中，非常需要找到重要的“发展动力”。在全新的形势、挑战之下，广东省委、省政府统揽大局，在 2009 年 8 月基于现状出台了《中共广东省委、广东省人民政府关于推进与港澳更紧密合作的决定》，这也是带动区域变革非常关键的纲领性文件，由此也给两地在科技与经贸方面的配合发挥了非常重要的引导作用。广东省政府为切实地执行该《决定》和一系列有关文件，积极与特区政府进行交流与合作，双方于 2010 年 4 月达成《粤港合作框架协议》，总体上明确了双方在科技合作方面的建设重点和基本方法，大幅地推动了此领域的更进一步发展。近些年，国家和一系列产业较为发达的省份开始不断地增加在产学研方面的经费和人力开支（叶佳等，2013），包括对已经建成的科创平台和试验基地予以重点支持，进一步促进粤港科技紧密合作。总的来说，相比于联合资助计划，创新平台的建立具有三个方面的优势：一是平台建设的长期性，可以更好地实现双方在科学研究技术方面的交流与合作；二是能够发现和解决粤港双方共同关注且又需要紧迫解决的科学与技术开发难题，有利于双方资源共享、优势互补，共同提升科学研究和技术开发水平；三是研究团队的稳定性有助于取得高水平的研究成果和提高技术创新的能力。但是，大量的投入能否创造出充分的产出，这同样是现阶段必须要重点予以分析的现实问题。故而，对于产学研相关的合作创新计划来讲，首先我们要做的就是科学全方位地探讨其效率现状，并予以合理地分析，基于此做法带来的真正现实意义是不可估量的。DEA－TOBIT 两步法是在效率评判和分析当中较为关键的处理办法，为此方面的评价和影响因素分析奠定了相当重要的基础。

广东省的面积很大，各地发展不均，传统上，经济发展是以珠三角为核心，再逐渐扩散到粤西、粤北等其他区域，同时广东省也是自改革开放以来发展最迅猛的区域之一。本文以广东省和香港产学研合作项目为研究目标，通过 DEA－TOBIT 两步法在项目创新效率和一系列影响因素方面开展评价和重点分析。而珠－港在此领域的有关合作项目则是粤港创新发展的关键措施。本文在建设有关产学研项目投产指标体系的大背景下，对创新效率开展了切实的评价，同时综合广东省的现实状况，充分研究了影响创新效率的内外部基本要素情况（张应武、徐丽苹，2014）。在 CEPA 签署之后，粤港两地的交流与合作提升到另一个层次，但也凸显出许多问题，包括没有区域战略合作的科技合作目标，总体合作框架不清楚，低端产业价值链的整体合作没有高效、多层次的协调机制和体制安排，不能有效整合与发展科技资源，使得粤港两地的科技优势并没有有效发挥，甚至造成资源、人才的浪费，无法有效进行产业转型。时代在发展，环境在变化，粤港澳亦面临经济增长趋缓、青年失业率高、贫富差距大、工作机会外移及薪资增长停滞等问题，加上少子女化、高龄化、地方债务等危机，粤港澳地方治理面临极严峻的挑战。广东、香港和澳门三个地区不但需要面对数量更多的竞争对手，而且竞争对手的总体实力也在显著提升。

自产学研合作的概念出现起，国内外学者便开始持续性地分析其动因、内涵、影响要素等一系列的内容。绩效评价重点面向有关各方的目标和合约规范的落实情况，对在共同发展过程中一系列的满意度情况展开了综合探究。现阶段在产学研方面的合作绩效评价重点着落于层次、主成分、模型综合评价、DEA 等一系列的分析法当中，这些办法对最后获得较为精确的绩效而言存在着相当关键的现实推动效果。

不仅如此，部分学者还在建设产学研合作评价模型的大背景下，通过 DEA 探究产学研合作效率。本文重点是把 DEA – TOBIT 两步法引入区域产学研合作效率分析过程中，对国内此领域的合作状况进行试评价和分析，由此确保可以得到更为精确的合作效率和影响要素。

一　理论模型

Coelli 和 Battese 在分析环境变量对 DMU 相对有效影响的过程中，建立起对应的 DEA 两段法。Kirjavainen 在对比芬兰高中的效率差异和对应的影响因素的情况下，最早采取 DEA – TOBIT 办法展开了实证分析。DEA – TOBIT 两阶段模型，还可以称作DEA – TOBIT

两步法，从意义上看可以分成 DEA 和 TOBIT 两种分析过程。此方法首先采取的是通过 DEA 研究出所有 DMU 的效率值，而第二步采取的是将前者的效率值视为重要的因变量，通过把影响要素等视为自变量从而构建对应的回归模型。由于 DEA 方法所得到的效率指数范围处在 0 和 1 之间，因此回归方程的因变量同样制约于次区间当中，因此在第二步当中的回归分析理应实施 TOBIT 分析。DEA - TOBIT 办法有效地解决了传统 DEA 方法仅仅可以运算 DMU 的效率，无法解决效率影响研究的不足问题。传统 DEA 模型面对处在有效情况下的 DMU，不能够区分一系列 DMU 的效率大小，而超效率 DEA 模型有效地弥补了这样的缺陷。所以，本文采取了超效率的 DEA - TOBIT 两步法模型。

1. 数据包络分析法（DEA）

数据包络分析是由运筹学家 A. Charnes 和 W. W. Cooper 在 1978 年建立起来的，DEA 推动数学规划模型测算多方面输入和输出的值，抑或是相对效率值。按照一系列 DMU 的输入、输出信息，通过观测值判定对应的 DEA 有效性，从实质上而言即为判定 DMU 有没有处在生产对应的生产前沿当中。该方法的评估模型重点采取的是 CCR 和 BCC 模型，重点用来评价一系列决策单元的整体和技术效率情况。DEA 的 C^2R 模型与之有所区别：在有数个决策单元均保持有效的情况下，其效率值对应为 1，难以区别对应的效率情况。Andersen 以及 Petersen 明确了超效率 DEA 模型，对应的决策单元数值超过 1，使得多方面的有效决策单元能够实施效率对比。超效率 DEA 模型与 C^2R 模型规划在表达式方面的差异重点体现在评价决策单元的过程中，通过和其他决策单元试对比，被排除在外，也就是生产可能集中在不涵盖评价的决策单元当中。超效率

DEA 有效决策单元超过 1，表达式的差异重点表现为，在评价决策单元的过程中，将其和其他的一系列单元的线性组合试对比，如若被排除在外，则表示其中并无被评价的决策单元。其对应的效率值超过 1，则表示决策单元投入在提升至运算获得的效率值比重的情况下，对应的决策单元依然能够保障 DEA 有效。

C^2R 模型的数学表达式如式（1）所示。

$$\begin{gathered} \max h_k = \sum_{r=1}^{s}\mu_r y_{rk} / \sum_{i=1}^{m}\nu_i x_{ik} \\ s.t.\ \sum_{r=1}^{s}\mu_r y_{rj} / \sum_{i=1}^{m}\nu_i x_{ij} \leqslant 1, j = 1, 2, \cdots, n \\ \mu_r \geqslant \varepsilon > 0, r = 1, 2, \cdots, s \\ \nu_r \geqslant \varepsilon > 0, i = 1, 2, \cdots, m \end{gathered} \tag{1}$$

其中 x_{ij}代表第 j 个 DMU 的第 i 个投入值；y_{rj}代表第 j 个 DMU 的第 r 个产出值；ε 代表极小的正值，称为非阿基米得数。C^2R 是一个分式规划问题，使用 Chames-Cooper 变换可调整为线性规划问题。

C^2GS^2模型的数学表达式如式（2）所示。

$$\begin{gathered} \min \theta - \varepsilon\left(\sum_{r=1}^{s}S_r^+ + \sum_{i=1}^{m}S_i^-\right) \\ s.t.\ \sum_{j=1}^{n}\lambda_i x_{ij} + S_i^- = \theta x_{ik}, i = 1, 2, \cdots, m \\ \sum_{j=1}^{n}\lambda_i y_{rj} + S_r^+ = y_{rk}, r = 1, 2, \cdots, s \\ \sum_{j=1}^{n}\lambda_j = 1 \\ \lambda_j, S_r^+, S_i^- \geqslant 0, i, r, j \forall \end{gathered} \tag{2}$$

通过 C^2GS^2 模型运算所得到的数值只对应为研究生产部门的“技术有效性”的体现，展现出的是 DMU 的纯技术效率状况。所以，仅需要通过 C^2R 模型运算得到综合技术效率值的对应情况，

再除以 C^2GS^2 模型数值得到对应的纯技术效率值，也就是当前的规模数值情况。

2. TOBIT 模型

TOBIT 模型是由知名经济学工作者、诺贝尔奖得主托宾于 1958 年正式建立的。其主要是用来考察因变量遭遇制约的回归情况，也可以称作短尾的回归模型。其所获得的效率指数值都是非负数，所以属于受限因变量，若是采取最小二乘法，则将会导致参数估计产生一定的偏差。

TOBIT 模型数学模型对应为：

$$\begin{cases} y_i^* = \beta X_i + \mu_i & i = 1,2,\cdots,n \\ y_i = y_t^* & 若\ y_i^* > 0 \\ y_i = 0 & 若\ y_i^* \leqslant 0 \end{cases}$$

在这之中，独立同分布的 μ_i 满足于正态分布 N（0，δ^2）；X_i 对应为 N × K 的矩阵。

二　超效率 DEA 模型的投入、产出变量选择

1. 投入变量

学者在重点分析创新活动的过程当中，考察的投入要素重点涉及了两方面的内容，即财力和人力投入要素。前者重点为 R&D 经费开销，由来源方面加以划分，涵盖了政府、企业、高校和其他等一系列的 R&D 投入；后者则重点表示的是有关从业者的投入，涵盖了 R&D 人员全时当量、科学研究者规模、工程师规模等情况。本文在前者方面采用的是 R&D 政府经费投入，而在后者方面，则采取的是 R&D 人员全时当量。

2. 产出要素

在面向创新活动实施探究的过程中，较之于明确的投入要素的指标而言，对产出标准的选取存在着相当大的争议性。本文选取地区大中企业新品收入来表征科技成果转化和终端产品的创新水平情况，因为企业获利才能带动产业的持续性成长，促进新技术的投资与投入。在以专利充当产出指标的情况下，部分学者采取的是专利申请数，还有大量的学者采取的是专利授权数。由于专利申请并非均可以得到认定，因此后者更可以展现出创新的水平，本文同样把后者作为判断创新产出的重要指标内容。

3. 投入、产出数据处理

产学研合作效率评价中所采取的数据都源于广东以及香港的统计年鉴，在这之中选择了广东和香港的数据充当对应区域产学研合作的 DMU。在数据予以明确以后，本文全面分析了 CCR 和 BCC 模型，采取了 INPUT - ORIENTED 的 VRS 办法，通过 DEAP 2.1 软件来运算得到对应的决策单元效率状况。产学研投产相互间存在着时滞性，而这样的跨度会因为牵涉多方面的行业和差异性的研究而呈现出一定的区别，因此技术创新对应的时滞性明显比较复杂，笔者在此将其设置为一年，投产指标分别对应为 2013 年和 2014 年的有关信息。

在产学研方面有影响的要素较多，而学界对此尚未能够明确构建有关的统一规范和结论，从投产层面而言，现阶段的核心重点着落于科研经费和人员方面的投入，同时还包括了知识形态和资金等一系列的产出情况。从投产层面而言，现阶段研究的重点在于科研经费和人员方面的投入，同时还涉及知识形态和资金的产出等领域。所以，本文重点综合了前人的一系列经验，并在配合产学研方面的基本特点的大前提下，综合分析一系列指标的可得性，通过五类指标对此领域的合作绩效展开了综合研究，对应的输入、输出指标涵盖了：①R&D 经费内部支出总额；②R&D 人员数量；③大中型工业企业新产品销售收入；④三种专利授权数；⑤各地区生产总值，具体指标体系及含义参见表 1。

表 1　产学研合作效率评价具体指标体系及含义

指标代号		指标名称	含义
输入指标	X_1	R&D 经费内部支出总额（万元）	反映一个地区 R&D 活动的强度和规模
	X_2	R&D 人员数量（人）	反映一个地区创新系统中人力资源的实力
输出指标	Y_1	大中型工业企业新产品销售收入（万元）	衡量一个地区的科技成果转化率和终端产品的创新程度
	Y_2	三种专利授权数（项）	衡量地区整体的创新能力和创新产出
	Y_3	各地区生产总值（亿元）	衡量地区整体的经济价值

三　我国广东省区域与香港特区产学研合作效率基本评价

广东省和香港特区在此领域的合作均值对应为 0.7801，而纯技术效率所对应的均值是 0.9760，规模效率所对应的均值是 0.8000，如此可以看到广东省和香港特区的产学研之间表现出了某种纯技术和规模方面的无效率特征，而前者较之于后者更甚，如此则从某种意义上表示广东省区域与香港特区产学研合作的综合技术无效率主要来源于规模效率不足，需要思考如何将产学研合作所产生的产品投入规模化的生产与运作（见表 2）。

从综合技术效率来看，中山市、香港特区纯技术和规模均有效率，其属于广东省区域产学研合作的效率前沿地区，在产学研资源综合利用等领域的综合实力相对较强。而肇庆市综合技术效率值小于0.5，明显偏低。

从纯技术效率来看，除上述综合效率值为1的决策单元外，广州市、深圳市、惠州市、东莞市、肇庆市纯技术效率值为1，表明这五市的综合技术缺乏效率重点是由于规模无效，也就是产学研合作的投入还存在着一些不合理的地方，合作效率的优化重点在于切实地改善规模效率情况。

在规模效率层面，除却综合效率值对应为1的中山市和香港特区等区域，其他地区都在1以内，也就是现阶段的生产规模和最佳数值还出现了一定的区别，尤其是深圳市、珠海市、江门市、肇庆市，规模效率值不足0.8，需要改善相应规模以提升综合技术效率值。

表 2 各地区效率值

地区	综合技术效率	纯技术效率	规模效率	规模报酬
广州	0.805	1.000	0.805	递减
深圳	0.533	1.000	0.533	递减
珠海	0.740	0.977	0.758	递增
佛山	0.665	0.789	0.843	递减
惠州	0.996	1.000	0.996	递增
东莞	0.900	1.000	0.900	递减
中山	1.000	1.000	1.000	不变
江门	0.749	0.994	0.753	递增
肇庆	0.414	1.000	0.414	递增
香港	1.000	1.000	1.000	不变

通过上述分析，我们可以看到，除了中山市、香港特区外，其余地区综合效率方面均不足1，同时纯技术效率超过规模效率的平均值，如此也表明生产规模尚未达到最优化，主要原因在于规模效率不高，即在合作过程中不能妥善地处理投入与产出之间的关系，因而导致局部产能过剩或局部投入缺口。

四 合作绩效影响因素的 TOBIT 模型分析

为深入分析广东省区域与香港特区产学研合作效率的影响因素，本文以数据包络分析下的地区产学研技术效率为因变量，将各方面的影响要素作为自变量，建立起了有关的模型。

1. 模型设定与数据说明

影响产学研合作效率的要素相对较为丰富，本文重点是从三个角度加以分析，一是地区经济建设的重要力量和发展潜力，重点是利用区域 GDP 增长率来予以衡量；二是区域产学研合作规模，从 R&D 经费内部开支所占 GDP 的比例、教育经费所占 GDP 比例、技术交易市场金额所占 GDP 的比例三个角度，衡量了区域科技投入情况、基础教育情况、知识溢出情况；三是地区当中存在着 R&D 行为的企业规模和高校、科研所的规模情况，通常而言，地区当中存在着 R&D 活动的企业规模越大，高等学校和研发机构的规模越大，则合作效率越高。考虑到这方面，本文采取了下述六方面的假设。

假设一：地区 GDP 增长率与广东和香港的区域产学研合作效率显著正相关；

假设二：地区 R&D 经费内部支出占 GDP 的比重与广东和香港

的区域产学研合作效率显著正相关；

假设三：教育经费占 GDP 的比重与广东和香港的区域产学研合作效率显著正相关；

假设四：技术市场交易金额占 GDP 的比重与广东和香港的区域产学研合作效率显著正相关；

假设五：区域内政府部门属研究与开发机构数与广东和香港的区域产学研合作效率显著正相关；

假设六：区域内外商投资额与广东和香港的产学研合作效率表现为良好的相关性。

在以上假设的大背景下，TOBIT 回归模型对应为：

$$EFF = a_0 + a_1 RGI + a_2 RD + a_3 EDU + a_4 TEC + a_5 \ln(ENT) + a_6 \ln(FDI) + \varepsilon$$

在这之中，a_0 对应为截距，而 a_1、a_2、a_3、a_4、a_5、a_6 为一系列变量有关的回归系数基本情况，而 ε 则属于残差；*EFF* 代表综合技术效率情况，*RGI* 表示区域 GDP 增幅，*RD* 则是区域内 R&D 经费在内部开支当中所占 GDP 比例情况，*EDU* 代表区域教育经费占 GDP 的比例，*TEC* 代表技术市场交易金额占 GDP 的比例，*ENT* 为政府部门属研究与开发机构，而 *FDI* 表示区域内的外商投资额。因为各方面的变量重点为比重数值，为切实地规避异方差，推动变量展现得较为稳定，对地区当中存在着 R&D 活动的企业规模，还有外商投资额两个变量分别取对数。TOBIT 模型中运用的数据重点来自全国、广东以及香港统计年鉴。

2. 计量实证结果分析

采取 EVIEWS 7.0 软件对国内地区产学研合作数据实施 TOBIT 回归，整体计算结果参见表 3。

表 3 广东省区域与香港产学研合作效率的 TOBIT 回归结果

解释变量	系数估计值	标准差	Z 值	P 值
a_0	2.432**	0.916	2.655	0.008
RGI	0.105**	0.048	2.176	0.030
RD	-0.685***	0.192	-3.567	0.000
EDU	-0.554***	0.120	-4.613	0.000
TEC	0.314**	0.121	2.590	0.010
LOG(*ENT*)	0.061	0.057	1.058	0.290
LOG(*FDI*)	-0.012	0.058	-0.200	0.841

注：** 表示在 0.05 水平上显著，*** 表示在 0.01 水平上显著。

由此不难发现，在区域产学研的 TOBIT 回归当中，区域产学研合作效率与区域 GDP 增长率、技术市场交易金额所占 GDP 的比例显著正相关，假设一和四获得了有效的支持；与区域 R&D 经费内部开支占 GDP 的比例、地区教育经费在 GDP 中的有效占比，呈现出负相关的关系且显著，假设二、三未得到支持；与政府部门属研究与开发机构数正相关、与区域内外商投资额负相关，且不显著。

第一，区域 GDP 增长率与广东省区域和香港特区产学研合作效率呈现出较为明显的关联性。区域 GDP 增长率较高，在某种意义上表明地区经济发展水平较高，地区经济生产力提高较为快速，而地区经济的增速相对较快，不但能够给区域产学研建立良好的基础，而且能够改善地区企业和其他机构的信心，建立起良好的产学研氛围。

第二，区域 R&D 经费内部开支占 GDP 的比例与广东省区域和香港特区产学研合作效率表现为反向相关，且较为显著。如此表示提高 R&D 经费当中的投入对地区产学研合作效率存在着较大的影响，呈现出较为显著的反向相关性，在某种意义上也证明了前文所谈到的现阶段产学研方面效率不足并不是由于缺乏规模和效率。因此，政府理应对产学研投入情况进行调节，贯彻落实制度创新，由此发挥一系列核心要素的影响，并带动科研创新的效率有所提高。

第三，教育经费占 GDP 的比重和国内产学研合作效率表现为较为显著的反向相关。通常说来，教育经费的投入有助于地区人才规模和质量改善，但是本文出现负相关，代表加大教育经费占 GDP 的比重不利于提高区域产学研合作效率。由此说明，政府在加大教育相关资源投入力度的进程中，仅加大财政支持，并不会促进产学研合作，只有更有效率地投入基础教育，才能使区域内的学生都能享受到高质量、公平的教育机会。

第四，技术市场交易金额占 GDP 的比重与产学研合作效率表现为正相关。科技成果可否良好地通过技术供应方转移至需求有关方，是合作效率能否提高的重点所在，而技术交易市场金额占 GDP 的比例相对较大，代表地区当中的技术溢出效应较为显著，内部经济联系和技术效果较为明显。

第五，政府部门属研究与开发机构数与产学研合作效率正相关，且相对较为显著。政府尽管是供应地区创新的动力，然而这方面的配合也需要民间企业的助推，区域内政府部门属研究与开发机构数虽是衡量区域创新能力的重要指标，但产学研合作不能单靠政府的力量，也需要民间的投入与支持。所以，积极提高地区当中的政府、企业的科研目标，是增大地区产学研合作效率的重点所在。

第六，产学研合作效率与区域内外商投资额负相关，且不显著。过去中国快速发展很大一部分原因是由外商投资促进了产业发展与成长。在本研究中，外商投资已经不足以显著提高广东省区域内产学研合作动力，产学研合作不但需要资本的投入，而且更多是技术的交流与合作，广东省需要透过产学研合作的投入，包括推动区域经济建设，增强区域整体教育，带动技术市场的交流和扩大存在着 R&D 活动的企业规模，并且将创新的产品转化投入市场，才能转变规模效率相对较为有限的情况。

五　研究结论

本文通过 DEA－TOBIT 两步法对广东省地区合作效率展开了评价和重点研究。同时，进行产学研相关合作效率的综合评价与评估，地域范围主要涉及广东省以及香港特区。涵盖了综合效率、纯技术效率和规模效率情况；而后建立起了 TOBIT 回归模型，分析了六方面主要影响要素和产学研合作效率对应的联系。将广东省一系列子系统创新能力差异较为突出的现实情况作为重点予以分析，综合当前整体协同效率不佳的现实问题，未来理应贯彻落实此领域的总体规划，建立起全新的“软环境”，构建全新的科创合作平台，重点关注广东和香港地区的经济转型和产业升级，不断探索和深化粤港科技创新合作模式，推进 CEPA 示范基地的建设，开展重点产业领域的科技创新战略合作，增强各自的技术自主创新能力，提升传统产业的竞争力和推动战略性新兴产业发展，构建崭新的地域产业创新工作框架，大力开展相关合作，在“一国两制”和《关于建立更紧密经贸关系的安排》框架下探索粤港科技深度合作模式和机制，带动此领域的更进一步合作，构建地区协同建设的创新共同体。

通过有关研究不难看到：①不加思考地投入和拓展规模，早已不是如今广东和香港方面在产学研领域最佳的处理办法。两地的合作效率均值为 0.7801，而纯技术效率和规模效率均值分别对应为 0.7960 和 0.8000，综合技术无效率重点是因为纯技术方面缺乏效率，规模效率也偏低。②广东省和香港必须提高投入资源对应的产出水平，由此切实地解决由技术无效从而导致的综合效率不足的现实问题；粤港合作过去多集中在低层次的劳动密集型产业或代工上，随着珠江三角洲地区技术与资本规模的提升，广东地区正走向产业转型与高科技产业之路，双方的合作正逐步走向高层次的服务产业与高价值产品制造合作。③推动地区经济建设，增强总体教育能力和提高地区技术溢出效应，切实地带动科技成果转让，推动企业、高校和研发机构实施多元化的技术合作，改善一系列的创新主体，培育三地科创研究联盟。强化有关的产业以及科技园区的配合，支持核心以及关键技术的攻关，切实地提高经费的使用效率，改善技术交易平台，切实地优化地区协同创新的配置情况。同时，积极地建设地区当中存在着 R&D 活动的企业，这同样是切实地提高产学研效率的关键所在，提高产业协同创新，推动此领域的技术链和价值链发展，推动大中企业科技资金来源的拓展，探索深圳、香港等一系列区域产业技术改革和创新之路，提高企业的自主创新和科技水平，切实地提高新品开发、产出和收益率。④广东省和香港及澳门特别行政区正在积极发展优势互补的合作之路，不断谋求高效、优质的共同发展之策。近年来，在科技发展领域，广东省取得的进步是有目共睹的，比如科技产品的产业和市场化，科技发明创造，高素质科学技术人才吸纳和培养，“研究与开发”、“研究与发展”及“研究与试验性发展”经费投入等都走到了全国各省、区、市的前列，而三地政府一定要合理地利用面向产学研方面的合作，通过制度创新带动其他各方面的核心要素，由此切实地提高科研领域资金的使用效率，而不是过于盲目地提高 R&D 经费投入。⑤政府理应综合引领产业的转型升级，不仅要支持广东省等处于劣势的传统制造业创新，还要增加孵化产业平台的建设数量和增大其建设力度，全面提升企业的创新水平和设计开发能力，港粤这两个地区的政府进行资金投入管理时，所表现的相应职能与方法呈现出差异化，联合开发项目在执行过程中所走的流程差别也很大，通常表现为，广东省执行效率很高，而且力度也较大，相反，香港地区由于其执行的流程过于烦琐，效率整体处于偏低的水平。⑥对于广州、深圳和香港等经济较为发达、科技水平较高的区域，政府理应切实地推动高新技术产业的投资，推动企业效率的提高，广东、香港、澳门的合作机制存在很大的不同，导致了它们的市场化水平、商业环境和市场效率存在差异；对于当前需要进行的合作项目来说，其启动流程十分复杂，执行措施也难以统一同步进行，因此效率并不高；广东、香港、澳门地区的税收收入存在不小的差别，教育、卫生、环境保护、科学技术、文化、司法等方面的资格认证和评价标准不同，造成产学合作上天然的阻力。⑦改善资源的合理运用和加强生态环境的有效保障，要促进这部分“能耗高、污染大”的企业朝着“高能效、低能耗和低碳排放”的模式方向发展，走长效发展的道路。近年来粤港澳区域科技合作取得了显著成绩，已经在产业方面形成了一定的规模，在科技自主创新方面初步建立了体系，并在具体产业的发展、市场的完善、机制的创新等方面充分积累了相应的经验，较好地奠定了科技自主创新方面的能力进一步提高的基础。但面对粤港澳之间维持经济持续发展的需求，我国目前愈演愈烈的区域科创实力竞争的现状，以及全球各地区域科技联合发展正面临的压力，粤港澳三地必须要强化彼此之间的科创联系，全面提升科创实力，进一步实现珠江三角洲地区的整体进步。

本文重点研究了下述问题。基于产学研相关合作效率中一系列输入、输出指标的构建，充分分析了企业对科研活动的开支，同时全面分析科研院所和校企科研活动的开支，但因为广东和香港的有关数据有所不足及不统一，在某种意义上可能会影响产学研合作效率的整体计算情况；除此之外，影响产学研合作效率的要素较为丰富，比方说地区优势、区域制度创新、科研和市场开发水平、中介服务规划等，笔者将在之后的研究中予以重点分析。

参考文献

Wei Wang, "The Legal Status of the CEPA between the Mainland and Hong Kong of China", *Frontiers of Law in China*, 2009 (2).

Y. W. Peter Chiu, "CEPA—a Milestone in the Economic Integration between Hong Kong and Mainland China", *Journal of Contemporary China*, 2006 (47).

Pang P., "Hong Kong's Expanding Role as An Offshore RMB Center", The Goldman Sachs Global Macro Conference, 2011.

叶佳、徐福缘、李佳：《产学研合作效率评价研究——基于 DEA 分析方法》，《技术经济与管理研究》2013 年第 2 期。

张应武、徐丽苹：《CEPA 促进了香港与内地的货物贸易吗？》，《国际经贸探索》2014 年第 2 期。

拓晓瑞、商惠敏、陈相：《粤港科技合作的发展历程与成效研究》，《科技管理研究》2016 年第 12 期。

叶锐、杨建飞、常云昆：《中国省际高技术产业效率测度与分解——基于共享投入关联 DEA 模型》，《数量经济技术经济研究》2012 年第 7 期。

王坚强、阳建军：《基于 DEA 模型的企业投资效率评价》，《科研管理》2010 年第 4 期。

The Cooperation Efficiency Evaluation Research of Guangdong
—Based on DEA-tobit Analysis Method

Bing Chilun　Mao Yanhua

Abstract: The industry-academy cooperation facilitated the growth both in production and in economy. In the background of regional economic cooperation, the collaboration for innovation and development among private enterprises, educational institutions and governments had become the objective requirement for the further development and transformation industries in Guangdong and Hong Kong, especially the economic development in the Great Bay District, a product of Guangdong and Hong Kong cooperation, calling more many-sided cross-field cooperation to achieve the preset goal. Based on empirical research, the paper found the causes for disparity in industry-academy cooperation hindering the further development of the cooperation, and the research result was significant in following the benefit structure and characteristics of industry-academy cooperation in cities of Guangdong and Hong Kong, and provided a practical reference for the further development and construction of industry-academy cooperation.

Keywords: Manufacture-study-research Cooperation; Guangdong; Hongkong

征稿启事

《当代港澳研究》是中山大学港澳珠江三角洲研究中心、中山大学粤港澳发展研究院共同主办的学术集刊，是内地第一本公开出版的港澳研究领域专业学术刊物，有重要的学术影响力。本刊旨在推动有关港澳政治、经济、法律和社会发展问题的学术研究，增进海内外学术同行的交流，为国内外港澳研究领域的专家学者提供一个发表学术创见、展开学术对话的重要平台。本刊于 2017 年进入 CSSCI 收录集刊目录。

本刊为综合类刊物，常设“港澳政治与法律”、“港澳经济”、“港澳社会文化”、“放眼世界”、“新书述评”和“优秀研究生论文”等栏目。用稿通过匿名评审制度选择，欢迎各方作者投稿（长期征稿）。

1. 征稿对象

经济学、社会学、管理学、政治学、法学、史学等各个领域研究当代港澳问题的海内外学者。

2. 征稿要求

（1）文稿思想健康，主题明确，层次清楚，数据准确，语言简练流畅；文稿应保证版权的独立性，无抄袭，重复率应控制在标准的范围内，署名排序无争议、文责自负。

（2）以研究型论文为主，字数在 8000～15000 字为宜。

（3）稿件内容包括：中文标题、摘要（300 字左右）、关键词（3～5 个）；英文标题、摘要、关键词；稿件如获基金项目资助，则须注明（包括项目编号）；作者有关信息，包括姓名、所在单位、职称、学历、主要研究方向、联系方式等，为匿名审稿的需要，请将个人信息全部放在与正文内容相独立的首页，并在正文中隐去所有与作者相关的信息。

（4）本刊对稿件有删改权。

3. 投稿方式

来稿电子版请注明“专投《当代港澳研究》”字样，并在文稿内注明投稿栏目、投稿主题。请以 Word 文档形式发至本刊编辑部指定电子邮箱 jshkmac@ mail. sysu. edu. cn。联系电话：020－84113236。

图书在版编目(CIP)数据

当代港澳研究.2018 年.第 2 辑 / 陈广汉，黎熙元主编.--北京：社会科学文献出版社，2018.12

ISBN 978-7-5201-3313-5

Ⅰ.①当… Ⅱ.①陈… ②黎… Ⅲ.①香港-研究②澳门-研究 Ⅳ.①D676.58②D676.59

中国版本图书馆 CIP 数据核字（2018）第 301220 号

当代港澳研究（2018 年第 2 辑）

主　　编 / 陈广汉　黎熙元

出 版 人 / 谢寿光
项目统筹 / 任文武　张丽丽
责任编辑 / 张丽丽

出　　版 / 社会科学文献出版社 · 城市和绿色发展分社（010）59367143
　　　　地址：北京市北三环中路甲 29 号院华龙大厦　邮编：100029
　　　　网址：www.ssap.com.cn
发　　行 / 市场营销中心（010）59367081　59367083
印　　装 / 三河市东方印刷有限公司

规　　格 / 开　本：787mm × 1092mm　1/16
　　　　印　张：9　字　数：105 千字
版　　次 / 2018 年 12 月第 1 版　2018 年 12 月第 1 次印刷
书　　号 / ISBN 978-7-5201-3313-5
定　　价 / 58.00 元

本书如有印装质量问题，请与读者服务中心（010-59367028）联系